LEVEL↑UP

TOPEL
Intermediate

3

Level Up TOPEL Intermediate **3**

초판 발행 2017년 10월 2일
초판 인쇄 2017년 9월 27일

글 쓴 이 (사) 한국역량개발평가원
기   획 (사) 한국역량개발평가원
감   수 (사) 한국역량개발평가원

펴 낸 이 최 영 민
펴 낸 곳 북앤로드
인 쇄 처 미래피앤피

주   소 경기도 파주시 신촌2로 24
전   화 031-8071-0088
팩   스 031-942-8688
이 메 일 pnpbook@naver.com

출판 등록 2015년 3월 27일
등록 번호 제406-2015-31호

I S B N 979-11-872-44-20-2 (53740)

01 TOPEL Basic(Kids)

2006년부터 시행해온 PELT Kids의 노하우와 경험을 토대로 개발된 영어 입문 단계로 보다 전문화, 특성화된 공신력 있는 영어시험입니다. PBT 시험 및 Tablet PC로 시험을 보는 TBT 두가지 형태로 시험을 제공합니다. TBT 시험은 안드로이드 앱 스토어에서 데모버전을 다운로드하여 테스트 하실 수 있습니다.

급수	영역	문항	총점	시간	합격기준	응시료
1급	듣기	30	200점	35분	120점	25,000원
	읽기	6				
2급	듣기	30	200점	30분	120점	

02 TOPEL Jr.

TOPEL Jr.의 1~3급은 개인,가정,학교,사회생활 등에서 흔히 접할 수 있는 소재나 주제, 사람등 다양한 영역에 관한 재미있는 그림으로 제시되어 영어공부의 흥미를 돋구어 줍니다. 기본적인 영어 실력을 갖추고 있으면 어렵지 않게 합격할 수 있어 영어에 대한 자신감을 키워줍니다.

급수	영역	문항	총점	시간	합격기준	응시료
1급	듣기	33	200점	55분	120점	27,000원
	읽기	22				
	쓰기	5				
2급	듣기	32	200점	50분		
	읽기	18				
	쓰기	5				
3급	듣기	33	200점	45분		
	읽기	12				
	쓰기	5				

03 TOPEL Intermediate

교육부 기준의 중고등학교 교과과정의 어휘에 맞추어 출제되어 내신을 대비할 수 있습니다

급수	영역	문항	총점	시간	합격기준	응시료
1급.2급(3급)	듣기	30(30)	200점(200점)	70분(60분)	120점	29,000원
	어법	10(5)				
	어휘	10(5)				
	독해	15(15)				
	쓰기	5(5)				

04 TOPEL Intermediate Speaking & Writing

원어민 교수님과 1:1 말하기 평가를 실시하는 인터뷰 방식을 채택하고 있습니다. 영어 말하기, 쓰기 능력의 평가를 통해 각종 입시시 원어민과의 면접대비가 가능합니다.

구분	문제유형	내용	시간	총점	합격기준	응시료
Speaking	Step 1	Warm-up Conversation	30초	200점	1~8급	70,000원
	Step 2	Picture Description	2분			
	Step 3	Read & Talk	1분30초			
	Step 4	Impromptu Speech	2분			
Writing	문장완성하기/ 문장쓰기/ e-mail 답장쓰기/ 짧은작문		40분	200점		

TOPEL Inter.

TOPEL 시험종류

TOPEL PBT
TOPEL은 1990년부터 전국단위 시험(구 PELT)을 시행해 온 유아 및 초·중·고등학교 대상의 시험으로서, 학생들 자신의 실력 평가가 가능한 체계화 된 시험입니다. 전국에 시험장을 운영하여 검정을 시행하며, 성적에 따라 전국, 지역별, 동연령별 순위분포 등을 알 수 있어 학습 성취 평가와 목표설정에 효과적입니다.

TOPEL IBT
현재 시행 중인 오프라인 TOPEL 자격 검정의 시간적·공간적 제약으로 인해 응시에 어려움을 겪고 있는 수요자의 고민을 해소하고자 IBT(Internet Based Test) 시스템을 적용해 응시자에게 편의성과 효율성을 제공합니다.

영어강사 자격증
실생활 및 교육과정에서 영어교육의 가치가 높아지면서 요구하는 강사의 수준 또한 함께 상승하고 있습니다. 이에 양질의 영어강사를 배출하고, 학습자로 하여금 보다 체계적인 교육을 제공하기 위해 영아강사 자격 검정을 시행합니다.

CAT-Scratch
Scratch는 주로 8~16세의 어린이·청소년을 대상으로 한 코딩 도구로 사용자에게 논리적이고 창의적인 사고 능력과 체계적 추론 능력을 향상 시키는데 큰 도움이 됩니다. CAT-Scratch 자격 검정을 통해 학습의지를 재고하고, 사고능력 향상에 기여하고자 합니다.

응시자 유의사항

1.원서접수 방법
소정양식의 응시원서를 작성하여 증명사진과 함께 전국지역본부 및 지정 접수처에 신청하거나 www.topel.or.kr 에서 인터넷 접수 하실 수 있습니다.

2. 합격자 발표
전국 지역본부 및 지정 접수처에서 발표하고, www.topel.or.kr 에서 인터넷 발표가 이루어집니다.

CAT-Scratch 　**영어강사 자격증** 　**TOPEL 성적표** 　**TOPEL 합격증**

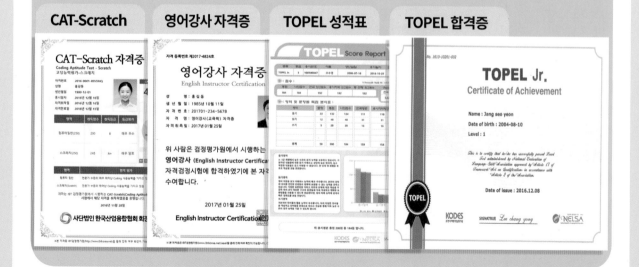

CONTENTS

1 한눈에 파악되는 유형 분석 PART

샘플 문제의 분석을 통해 출제의도를 파악하고 모든 유형의 문제를 대비할 수 있습니다.

STUDY POINT

Study Point 코너에서는 최적의 학습 방법과 놓치지 말아야 할 학습 포인트를 확실하게 짚어 드립니다.

TIP

TIP 코너에서는 각 유형 문제마다 숨어있는 문제 해결의 핵심 비법을 알려 드립니다.

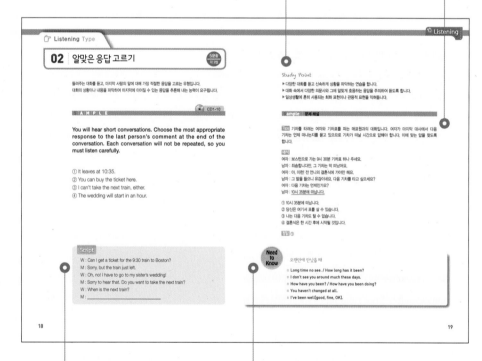

SCRIPT

오디오 음성을 듣고 스크립트의 빈칸을 채워 보세요. 듣기 능력이 나도 모르게 향상됩니다.

NEED TO KNOW

Need to Know 코너에서는 각 유형에서 자주 출제되는 단어나 표현들을 총정리하여 알려 드립니다.

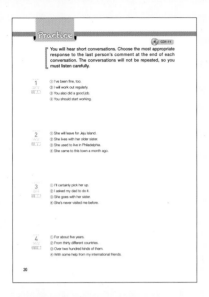

2 풍부한 문제를 제공하는 Practice Part

유형마다 출제되는 문제의 수가 다른 만큼, 많이 출제 되는 유형의 문제는 더 많은 연습문제를 제공하였습니다. 또한 쉬운 문제에서 어려운 문제 순서 로, 문항마다 문제의 난이도를 블록 형태로 알아보기 쉽게 표시하였습니다.

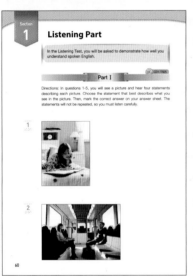

3 적중 확률 높은 실전 모의고사 Part

좋은 점수를 받기 위해 반복된 실전 같은 연습만큼 확실한 준비 방법은 없 습니다. 철저한 시험 분석을 통해, 가장 출제 확률 높은 문제들로 총 4회의 실전 모의고사를 구성하였습니다. 모의고사의 모든 문제는 TOPEL 출제진 의 검수를 통해 최신 출제 경향을 반영하였습니다.

4 숨은 고득점의 비법 정답 및 해설 Part

고득점의 비밀은 오답노트에 있습니다. 내가 자주 하는 실수나 부족한 부분 을 중심으로 하는 학습만큼 효과적인 학습 방법은 없습니다. LEVEL UP의 정답및해설은 단순히 답만 제공하는 것이 아니라 자주 출제되는 단어나 표 현들을 풍부하게 제공합니다.

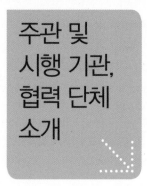

주관 및
시행 기관,
협력 단체
소개

KODES(한국역량개발평가원)

국비 지원 해외 취업과 해외 인턴십 사업을 지원하여 전문적 인재 양성에 기여하고 있으며, 미래를 준비하는 학생들을 위한 올바른 교육 컨텐츠 및 평가에 대한 연구 및 개발을 하고 있는 서울교육청 산하 비영리 사단법인입니다. TOPEL의 모든 평가 문제는 한국역량개발평가원의 검수를 통해 한층 완성도를 높이고 있습니다.

NELSA

국가공인 실용영어 검정 시행 및 한국직업능력개발원에 정식 등록된 민간자격 시험인 TOPEL의 전 종목의 시험을 시행합니다. 전국 다수의 지방자치단체와의 협약으로 국내 우수한 어린 인재들의 양성 및 소외 가정의 학생 지원을 위한 사업을 진행하고 있습니다.

tvM

tvM, 다문화 TV는 다양한 해외 문화와 한국문화의 융합 방송이라는 비전을 지향하고 있습니다. 다양한 국내외 관련 정보, 외국어, 현장 소개와 한국과 각 나라들의 문화적 괴리를 최소화 시키고 네트워크를 직접 연결하여 모두가 만족하고, 활용할 수 있는 정보 전달을 지향하고 있습니다. tvM은 TOPEL과 전략적인 협업을 통해 국제화 시대에 살고 있는 국내 젊은 일꾼 및 학생들의 외국어 능력 증진에 기여하고 있습니다.

시험 소개

국가공인 실용영어

1990년도에 개발되어, 2002년도에 국내 최초로 제1호 국가공인을 획득한 검증된 평가시험입니다. 영어의 4 Skill(Reading, Listening, Writing, Speaking) 영역에 대하여 단계적, 체계적으로 평가할 뿐 아니라 Speaking 능력을 평가하는데 있어 국내에서 유일하게 원어민과의 직접대면평가방식(FBT)을 채택하고 있는 종합영어 평가시험입니다.

민간자격 TOPEL

유아 및 초, 중, 고등학생 대상의 시험으로서, 학생들이 국가공인 시험 수준으로 자연스럽게 도달할 수 있도록 자신의 실력에 따라 수준별 평가가 가능한 체계화된 시험입니다. 국내 최고 많은 수의 초·중·고 학생들이 채택, 응시하고 있는 시험으로서 직업능력개발원에 정식으로 등록된 민간자격 영어 시험입니다.

국가공인 실용영어 및 TOPEL 평가 LINE UP

	민간자격 등록			국가공인 민간자격 시험	
단계 :	기초단계	초급단계	중급단계	고급단계	
대상 :	유치부~초등2년	초등3년~초등6년	중·고생	대학생·성인	
종목 :	TOPEL kids (1~2급)	TOPEL Jr. (1~3급)	TOPEL Int. (1~3급)	실용영어1차 RC/LC	실용영어2차 S/W
영역 :	RC/LC	RC/LC/W	RC/LC/W	RC/LC	S/W

원어민 면접관 대면 방식 말하기 시험	
Intermediate Speaking Test	Plus Speaking Test

TOPEL Intermediate 레벨 구성

구분	TOPEL Intermediate 1급	TOPEL Intermediate 2급	TOPEL Intermediate 3급
문항 수	총 70문항	총 70문항	총 00문항
문항 구성	듣기 30문항 읽기 35문항 쓰기 5문항	듣기 30문항 읽기 35문항 쓰기 5문항	듣기 30문항 읽기 25문항 쓰기 5문항
문항 형태	객관식 및 주관식	객관식 및 주관식	객관식 및 주관식
단일 문장	1문장 15단어 내외	1문장 12단어 내외	1문장 10단어 내외
지문의 길이	90단어 내외	80단어 내외	70단어 내외
시험 시간	70분	70분	60분
총점	200점	200점	200점
합격 점수	120점	120점	120점

TOPEL Intermediate 평가 기준

· TOPEL Intermediate는 현 교육 제도의 학제를 반영하고 있으며 중, 고등학생들 대상으로 듣기, 읽기, 쓰기의 영역을 측정합니다. 듣기 시험의 경우 녹음 내용은 한번만 들려줍니다.

· TOPEL Intermediate 1~3급 등급에 따라 난이도가 다른 듣기, 읽기, 쓰기 능력을 측정합니다. 4지 선다형의 객관식 및 주관식(절충형) 출제이며, 듣기 45%, 필기 55% 내외로 구성됩니다.

· 전체 취득 점수인 200점의 60%인 120점 이상을 취득한 경우, 합격으로 인정되어 합격증이 발급됩니다. 듣기시험이나 필기시험에서 30% 미만을 득점하였을 경우 과락으로 실격 처리 됩니다.

TOPEL Intermediate 구성

TOPEL Intermediate 시험은 설정된 난이도 기준에 따라 학생들이 활동하는 범위인 개인생활, 학교생활, 사회생활은 물론, 인문, 사회, 자연, 과학 등에 관련된 보다 폭넓은 주제에 따른 영어의 자연스러운 발음, 표현, 구문의 인지능력 및 적절 응답, 내용파악, 논리적 추론 등의 능력을 듣기, 읽기, 쓰기를 통해 종합적으로 평가 합니다.

1. Listening Part

문제유형	1급			2급			3급		
	문항수	문항번호	배점	문항수	문항번호	배점	문항수	문항번호	배점
1. 사진 묘사 문제	5	1~5	2	5	1~5	2	5	1~5	4
2. 적절한 응답 고르기	5	6~10	2	5	6~10	2	5	6~10	4
3. 대화 듣고 문제 풀기	14	11~24	3.5	14	11~24	3.5	14	11~24	4
4. 담화듣고 문제 풀기	6	25~30	3.5	6	25~30	3.5	6	25~30	4
계	30	30	90	30	30	90	30	30	120

2. Reading Part

문제유형	1급			2급			3급		
	문항수	문항번호	배점	문항수	문항번호	배점	문항수	문항번호	배점
1. 어법성 판단하기	10	1~10	2	10	1~10	2	5	1~5	2
2. 적절한 어휘 고르기	10	11~20	3	10	11~20	3	5	6~10	2
3. 시각자료 이해하기	5	21~25	3	5	21~25	3	5	11~15	3
4. 독해문 이해하기	10	26~35	3	10	26~35	3	10	16~25	3
계	35	35	95	35	35	95	25	25	65

3. Writing Part

문제유형	1급			2급			3급		
	문항수	문항번호	배점	문항수	문항번호	배점	문항수	문항번호	배점
1. 지문 빈칸 완성하기	3	1~3	3	3	1~3	3	3	1~3	3
2. 대화 완성하기	1	4	3	1	4	3	1	4	3
3. 사진 묘사 영작하기	1	5	3	1	5	3	1	5	3
계	5	5	15	5	5	15	5	5	15

Intermediate 총구성	–	70	200	–	70	200	–	60	200

성적표

TOPEL Score Report

종목	등급	응시번호	이름	생년월일	응시일자	연령	응시지역
TOPEL Intermediate	1	10001	박민수	2001.07.07	2014-10-25	12	서울

(점수)

※ Percentile Rank (%): 수치가 낮을수록 좋은 성적을 나타냅니다.

총점	나의점수	전국 최고점수	응시지역 최고점수	동 연령 최고점수	Percentile Rank (%)		
					전국	지역	동 연령
200	109	196	196	196	92.5	92.3	89.8

(영역 및 문항별 득점 분석표)

영역	문항	총점	나의점수	전국평균	응시지역평균	동 연령평균
듣기	33	103	100	88	89	86
읽기	22	77	75	50	53	49
쓰기	5	20	15	11	11	11
총계	60	200	190	149	153	147

듣기 영역
영어 대화를 듣고, 대화의 내용을 이해하고 이를 바탕으로 추론하는 능력이 우수합니다. 다양한 영어 표현의 습득과 사용을 생활화하여, 영어 청취 능력을 한층 더 향상시키길 권합니다.

읽기 영역
영어 지문을 읽고 이해할 수 있습니다. 영어 지문의 전반적인 흐름을 파악하는 독해 능력이나 특정 상황에 쓰이는 영어 표현을 읽어내는 능력을 향상시키기 위해, 영어 대화문 독해 연습을 꾸준히 할 것을 권합니다.

쓰기 영역
단어의 스펠링이 미숙하며, 문장구조를 정확히 구사하는 데 어려움이 있습니다. 스펠링까지 정확히 습득하여 문장구조에 맞게 사용하는 연습을 권장합니다

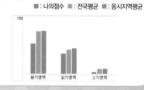

■ 나의점수 ■ 전국평균 ■ 응시지역평균

위 응시생은 총점 200 점 중 190 점입니다.

NELSA
National Evaluation of Language skill Association

Lee chang yong
President of UESA

자격증

TOPEL Intermediate
Certificate of Achievement

Name : HONG, GIL DONG
Date of birth : 1988.03.18
Date of issue : 2015.05.12

This is to certify that he/she has successfully passed Level 1 Test administered by National Evaluation of Language Skill Association approved by Article 17 of Framework Act on Qualifications in accordance with Article 2 of the Association.

SIGNATRUE   *Lee chang yong*

NELSA
National Evaluation of Language skill Association

TOPEL

TOPEL
Intermediate에
관한
Q & A

Q 어떤 급수를 응시하면 좋을까요?

A TOPEL Intermediate는 중·고등학생 수준의 시험으로서 1급은 고등학교 2~3학년, 2급은 중학교 3학년 ~고등학교 1학년, 3급은 중학교1~2학년이 가장 많이 응시하고 있습니다. 그렇지만 TOPEL 의 모든 시험은 성취도 시험과는 달리 자신의 실력대로 선택해서 응시할 수 있는 능숙도 시험으로서 자신의 영어 실력에 맞는 단계를 선택하는 것이 영어에 대한 자신감과 학습 동기를 올릴 수 있는 바람직한 선택입니다.

Q 시험 신청은 어떻게 하나요?

A 시험 신청은 인터넷 신청과 방문 신청 두 가지 방법으로 하실 수 있습니다. 인터넷 신청은 TOPEL 홈페이지(www.topel.or.kr)에서 가능합니다. 방문 접수의 경우 시험장 기준 해당 지역본부로 방문 하여 신청 하시면 됩니다. 인터넷 신청은 접수 기간에만 가능하며, TOPEL 지역 본부의 주소와 연락 처는 홈페이지 (www.topel.or.kr) 에서 확인할 수 있습니다.

Q 시험 준비물은 무엇이 있나요?

A 시험 신청 후 시험장에 갈 때 필요한 준비물은 신분증과 응시표, 그리고 필기구입니다.
신분증은 학생증, 여권, 주민등록증, 운전면허증 등 본인 확인이 가능한 증명서 입니다.
단, 초등학생 이하 응시생일 경우는 응시표만 지참하시면 됩니다.

Q 합격 확인은 어떻게 하나요?

A 시험 합격 확인은 TOPEL 홈페이지(www.topel.or.kr)에서 조회 가능합니다. 사전 공지된 시험 발 표일 오전 9시 30분 이후에 확인 가능합니다. 또한 시험 신청하신 해당 지역 본부로 연락하시면 합 격 여부와 각종 정보를 얻으실 수 있습니다.

Q 자격증은 어디에 활용할 수 있나요?

A 국제중학교, 특목고, 외고 등 중·고등학교 및 대학 입시 때 적용되는 입학사정에 필요한 개인포트 폴리오를 작성하여 중요한 참고 자료로 활용할 수 있습니다.

TOPEL Intermediate

Level 3

유형 분석 & 연습문제

Listening Part

Reading Part

Writing Part

01 적절한 사진 묘사 고르기

5문항
각 4점

제시된 사진을 보고 들려주는 네 개의 문장 중 사진을 가장 잘 묘사한 것을 고르는 유형입니다. 묘사된 내용에서 등장 인물의 행동, 입고 있는 옷의 형태, 사물의 위치와 개수 등을 정확히 파악하는 능력이 요구됩니다.

CD1-02

S A M P L E

You will see a picture and hear four statements describing each picture. Choose the statement that best describes what you see in the picture. Then, mark the correct answer on your answer sheet. The statements will not be repeated, so you must listen carefully.

Script

① The boy and the girl are reading books.

② The boy and the girl are shaking hands.

③ The boy and the girl are looking at each other.

④ The boy and the girl are cleaning the bookcase.

Study Point

▶ 인물의 동작 묘사가 정확한지 파악하기 위해서 다양한 동사의 의미를 익혀둡니다.
▶ 사물의 개수나 위치를 표현하는 단어와 어구를 익혀둡니다.
▶ 사진의 상황과 일치하지 않는 단어를 사용한 오답 선택지에 주의하여 듣도록 합니다.

Sample | 문제 해설

Tips 그림에 등장한 소년과 소녀의 모습을 정확히 묘사한 것을 찾을 수 있어야 합니다. 뒤에 책장이 있고, 두 아이는 소파에 앉아 각자의 책을 읽고 있습니다. 그림 속 두 사람의 행위를 정확히 묘사한 문장을 찾도록 합니다.

해석
① 소년과 소녀는 책을 읽고 있다.
② 소년과 소녀는 악수를 하고 있다.
③ 소년과 소녀는 서로를 바라보고 있다.
④ 소년과 소녀는 책장을 청소하고 있다.

정답 ①

be동사의 다양한 쓰임

□ 「be + -ing」: 현재진행형. 현재 하고 있는 동작이나 상태를 표현합니다.
He is reading a book. 그는 책을 읽고 있다.
I am riding a bike. 나는 자전거를 타고 있다.
They are cleaning the classroom. 그들은 교실을 청소하고 있다.

□ 「There be + 주어 : '~이 있다'」: 사물이나 사람들의 존재를 나타냅니다.
There is a book on the desk. 책상 위에 책이 하나 있다.
There are a lot of birds in the sky. 하늘에는 많은 새들이 있다.

□ 「be + 형용사」: 사람이나 사물의 현재 상태를 나타냅니다.
The windows are open. 창문들이 열려 있다.
The girl is very cute. 소녀는 아주 귀엽다.

CD1-03

You will see a picture and hear four statements describing each picture. Choose the statement that best describes what you see in the picture. Then, mark the correct answer on your answer sheet. The statements will not be repeated, so you must listen carefully.

1
CD1-04

2
CD1-05

3
CD1-06

4
CD1-07

5
CD1-08

6
CD1-09

02 ː 알맞은 응답 고르기

5문항
각 4점

들려주는 대화를 듣고, 마지막 사람의 말에 대해 가장 적절한 응답을 고르는 유형입니다.
대화의 상황이나 내용을 파악하여 마지막에 이어질 수 있는 응답을 추론해 내는 능력이 요구됩니다.

CD1-10

S|A|M|P|L|E

You will hear short conversations. Choose the most appropriate response to the last person's comment at the end of the conversation. Each conversation will not be repeated, so you must listen carefully.

① Four years old.
② Four hours ago.
③ Four months later.
④ Four times a year.

Script

M: I heard that your sister studies in the U.S.

W: That's right. She goes to a high school there.

M: How often do you meet her?

W: _____

Study Point

▶ 다양한 대화를 듣고 신속하게 상황을 파악하는 연습을 합니다.

▶ 다양한 의문사와 그에 알맞게 호응하는 응답을 주의하여 듣도록 합니다.

▶ 대화의 마지막 사람의 말을 주의하여 듣도록 합니다.

▶ 일상생활에 흔히 사용되는 회화 표현이나 관용적 표현을 익혀두도록 합니다.

Sample | 문제 해설

Tips 남자는 여자에게 그녀의 언니를 얼마나 자주 만나는지를 묻고 있습니다. 만나는 횟수를 묻고 있으므로 그에 적절한 응답을 찾아야 합니다.

해석

남자: 나는 네 언니가 미국에서 공부한다고 들었어.
여자: 맞아. 그녀는 거기서 고등학교를 다녀.
남자: 얼마나 자주 그녀를 만나니?
여자: 일 년에 네 번.

① 네 살이야.
② 네 시간 전에.
③ 4개월 후에.
④ 일 년에 네 번.

정답 ④

Need to Know

□ 제안하기

Why don't you go shopping?
Can I help you?
Let me help you.
Can I give you a hand?

□ 제안에 답하기

Yes. / Okay. / Sure. / All right.
That sounds good.
No, thank you.
I'm sorry, but I can't.

□ 유감, 위로, 격려하기

That's too bad.
I'm sorry to hear that.
That's a pity[shame].
Everything will be okay.
Don't worry.
Things will be better soon.
Cheer up!
You can do it.
Don't give up!

CD1-11

You will hear short conversations. Choose the most appropriate response to the last person's comment at the end of the conversation. Each conversation will not be repeated, so you must listen carefully.

1
CD1-12

① Yes, I am.
② No, I can't.
③ No, you don't.
④ Yes, you should.

2
CD1-13

① You look so busy.
② That's no problem.
③ It's my math textbook.
④ Our math teacher is kind.

3
CD1-14

① I want to be a singer.
② I like music class.
③ My MP3 player is broken.
④ I like jazz and classical music.

4
CD1-15

① I'll get the camera.
② Look at the airplane.
③ Who took the pictures?
④ That cloud looks like a tiger.

5

CD1-16

① For a week.

② With my sister.

③ At around 10 o'clock.

④ At the fancy restaurant.

6

CD1-17

① It's cold outside.

② Long time no see.

③ Sorry to hear that.

④ The party was fun.

7

CD1-18

① There's one on the corner.

② Bandages are easy to use.

③ You should go see a doctor.

④ I need to buy some medicine.

8

CD1-19

① The book is very fun.

② I'll write them down for you.

③ I can speak English very well.

④ I'm going on a trip to England.

03 | 대화를 듣고 물음에 답하기

14문항
각 4점

들려주는 대화를 듣고, 대화와 관련된 질문에 대한 답을 고르는 유형입니다. 전반적인 대화의 주제나 특정한 세부 정보를 파악하여 주어진 질문에 정확히 답할 수 있는 능력이 요구됩니다.

CD1-20

S A M P L E

You will hear some conversations. Choose the best response to each question and mark the correct answer on your answer sheet. The questions are printed out in your test booklet.

Why is the man going to the library?

① To study
② To meet friends
③ To return books
④ To borrow books

Script

M: Hi, Jennifer. Where are you going?

W: To the library. I have to return these books.

M: I see. I need to borrow some books. Let's go together.

W: Okay.

Study Point

▶ 장소나 직업을 추론하는 문제에 대비하여 상황이나 직업에 관련된 단어를 익혀둡니다.

▶ 날짜, 시간, 금액, 개수 등과 같은 숫자 관련 정보는 숫자를 메모하며 듣도록 합니다.

▶ 인물의 감정이나 심리 상태를 유추하는 문제에 대비하여 감정을 나타내는 단어를 익혀둡니다.

Sample | 문제 해설

Tips 여자는 도서관에 책을 돌려주려고 가고 있고, 남자는 책을 몇 권 빌리려고 한다고 말하고 있습니다. 문제지에 제시된 질문에서 도서관에 가는 이유 중 누구의 이유를 묻는지 정확하게 파악하도록 합니다.

해석

남자: 안녕, Jennifer. 어디 가고 있니?

여자: 도서관에. 이 책들을 돌려줘야 해.

남자: 그렇구나. 나는 책 몇 권을 빌리려고 해. 함께 가자.

여자: 좋아.

Q. 남자가 도서관에 가는 이유는 무엇인가?

① 공부하려고   ② 친구들을 만나려고

③ 책을 돌려주려고   ④ 책을 빌리려고

정답 ④

Need to Know

길을 묻거나 위치를 묻는 표현

- Excuse me, can you tell me how to get to the subway station?
- Could you tell me where the bus stop is?
- Is there a library around here?
- I'm looking for a bank. Is there one near by?
- I think I'm lost. Could you show me where I am?
- How long does it take to get there?
- How far is it?

You will hear some conversations. Choose the best response to each question and mark the correct answer on your answer sheet. The questions are printed out in your test booklet.

1
CD1-22

How will the man go to Central Plaza?

① By taxi

② By bus

③ On foot

④ By subway

2
CD1-23

What are the speakers mainly talking about?

① Their teacher

② Their classmates

③ The man's future dream

④ The woman's nightmare

3
CD1-24

What will the woman NOT do during this weekend?

① Paint the walls

② Clean the house

③ Move the furniture

④ Decorate the house

4
CD1-25

When will the man and the woman meet?

① At 6:00

② At 6:30

③ At 7:00

④ At 7:30

5
CD1-26

What did the woman NOT do last weekend?

① Go fishing

② Cook food

③ Wash the dog

④ Clean the house

6
CD1-27

What is the original price of the shirt?

① $20

② $40

③ $50

④ $70

7
CD1-28

What will the woman do right after the conversation?

① See a movie

② Download a movie

③ Play computer games

④ Check on movie tickets

8
CD1-29

Why did the woman miss the man's phone call?

① She was studying.

② She was swimming at the beach.

③ She didn't hear her phone ringing.

④ She didn't have her cell phone with her.

04 담화를 듣고 물음에 답하기

6문항
각 4점

들려주는 담화를 듣고, 담화와 관련된 질문에 대한 답을 고르는 유형입니다. 담화의 목적을 파악하거나 광고나 안내 방송이 나오는 장소를 유추하거나 특정한 세부 정보를 파악하여 주어진 질문에 정확히 답할 수 있는 능력이 요구됩니다.

CD1-30

S A M P L E

You will hear some monologues. Choose the best response to each question and mark the correct answer on your answer sheet. The questions are printed out in your test booklet.

Why did Ruth leave the message to Colin?

① To invite him
② To ask him a favor
③ To say sorry to him
④ To reply to his message

Script

(Beep)

(W) Hi, Colin, it's Ruth. I got your message. I can definitely go to your place tomorrow. But I can't bring my board games because my brother took them on his trip. I'll think of something we can do together other than board games. See you tomorrow.

Study Point

▶ 담화를 듣기 전에 질문과 선택지의 내용을 먼저 파악하도록 합니다.
▶ 담화의 전체적인 내용을 파악하는 문제는 담화의 주요 내용을 요약하면서 듣도록 합니다.
▶ 문제와 관련된 세부 내용을 정확히 이해하고 문제를 풀도록 노력합니다.

Sample | 문제 해설

Tips 전화의 음성 메시지입니다. 앞부분에 '네 메시지를 받았어'라는 말이 나오고, 그 이후에 너의 집에 갈 수 있다는 내용과 함께 할 수 있는 놀이에 대해 생각해 보겠다는 등의 내용이 있습니다. 무엇보다 문제지에 나온 선택지를 정확하게 파악하도록 합니다.

해석

(삐~)

안녕, Colin, 나 Ruth야. 네 메시지를 받았어. 내일 너네 집에 틀림없이 갈 수 있어. 그런데 우리 형이 여행가면서 내 보드 게임들을 가져가서 그것들을 가지고 갈 수는 없어. 보드 게임 대신에 함께 할 수 있는 것을 생각해 볼게. 내일 보자.

Q. Ruth가 Colin에게 메시지를 남긴 이유는 무엇인가?

① 그를 초대하려고   ② 그에게 부탁하려고
③ 그에게 미안하다고 말하려고   ④ 그의 메시지에 응답하려고

정답 ④

나라 이름과 나라 이름의 형용사

Korea - Korean	Japan - Japanese	China - Chinese
England - English	France - French	Italy - Italian
Greece - Greek	Germany - German	Canada - Canadian
Thailand - Thai	Spain - Spanish	Switzerland - Swiss
Russia - Russian	Belgium - Belgian	Netherlands - Dutch

CD1-31

You will hear some monologues. Choose the best response to each question and mark the correct answer on your answer sheet. The questions are printed out in your test booklet.

1
CD1-32

When does the sale start?
① At 9 am
② At 10 am
③ At 11 am
④ At 12 pm

2
CD1-33

Which language does the speaker want to learn?
① Italian
② French
③ Korean
④ English

3
CD1-34

How often do the club members meet?
① Once a week
② Twice a week
③ Three times a week
④ Every day

4
CD1-35

What will the weather be like tomorrow?
① Rainy
② Sunny
③ Windy
④ Snowy

5

CD1-36

What best describes Ethan?

① Shy

② Kind

③ Careful

④ Hardworking

6

CD1-37

What can NOT be known about the boy?

① His height

② His weight

③ His hometown

④ His future dream

7

CD1-38

What is mentioned as a new activity at the camp?

① Fishing

② Swimming

③ Learning dancing

④ Having a barbecue

8

CD1-39

What is NOT true according to the speech?

① A ticket costs over 5 dollars.

② School uniforms are not necessary.

③ Students should prepare their own lunch.

④ Students should come to school by 9 am.

01 : 어법상 어색한 것 고르기

주어진 문장의 밑줄 친 부분 중 어법상 어색하게 쓰인 단어나 어구를 고르는 유형으로 정확한 문법 사용 능력이 요구됩니다.

S A M P L E

Choose the underlined one that is grammatically incorrect.

My friend, Sally have an expensive audio system.
　①　　　　　②　　　　③　　　　④

Study Point

▶ 평소에 다양한 형태의 문장을 학습해야 합니다.

▶ 주어, 동사의 수 일치, 시제 일치, 전치사의 의미, 접속사의 쓰임, to 부정사의 쓰임, 수동태의 형태와 의미, 관계대명사의 형태와 쓰임에 대한 문법 지식을 습득해야 합니다.

▶ 5형식 문장에서 목적어나 목적격 보어의 형태, 수식어로 쓰이는 부사나 부사구의 형태와 특징을 알아둡니다.

Tips My friend와 Sally 사이의 콤마(,)는 동격을 나타내므로 한 사람을 가리킵니다. 3인칭 단수 주어는 동사도 단수 동사를 써서 have는 has가 되어야 합니다.

해석 내 친구 Sally는 비싼 오디오 시스템을 가지고 있다.

정답 ②

주어, 동사의 수 일치

□ 주어가 1, 2인칭 단수이거나 복수일 때

 : am/are, have를 쓰고, 일반동사는 동사원형을 씁니다.

I am excited about our trip.
You have to study hard.
Mike and I go fishing on Sundays.
Many boys and girls like to eat hamburgers.

□ 주어가 3인칭 단수일 때

 : is, has를 쓰고, 일반동사에는 -s를 붙입니다.

There is a kite in the sky.
She has a lot of friends.
My mother loves me very much.
Jason learns how to speak Korean.

Practice

Choose the underlined one that is grammatically incorrect.

1 I go to the southern part of the country two years ago.
① go ② southern ③ of ④ years

2 Friendship is one of the most meaningful thing in life.
① Friendship ② one of the ③ most ④ thing

3 My father like taking a walk in the park.
① My ② like ③ a ④ park

4 Lynn was very happy to meeting her old friends.
① very ② meeting ③ old ④ friends

5 Paul is a good basketball player and he can run very quick.
      ①   ②   ③   ④

6 Ryan really wants being a famous writer in the future.
      ①   ②   ③   ④

7 Do you know the architect whose designed this building?
      ①   ②   ③   ④

8 The beautiful castle on the hill was building in the 19th century.
      ①   ②   ③   ④

02 | 문맥상 알맞은 단어나 표현 고르기

주어진 문장의 빈칸에 의미상 가장 적절한 단어나 구를 고르는 유형입니다. 문장 전체의 의미를 파악하고 논리적으로 빈칸에 들어갈 단어나 구를 유추해 내는 능력이 요구됩니다.

S A M P L E

Choose the one that best completes the sentence.

The train for New York will _____ in thirty minutes.
① give
② save
③ leave
④ receive

Study Point

▶ 평소 많은 단어와 숙어의 뜻을 정확하게 익혀두도록 합니다.

▶ 제시된 문장을 정확히 해석하여 빈칸에 들어갈 단어나 구의 힌트를 얻도록 합니다.

▶ 선택지에 제시된 단어를 각각 빈칸에 넣어 문장이 자연스러운지 판단해 봅니다.

Tips 전치사 for는 '~로 가는, ~행'이라는 의미를 나타냅니다. 그러므로 빈칸에 '떠나다, 출발하다'라는 의미의 단어가 필요합니다. 선택지에 주어진 단어의 의미를 정확히 파악하여 빈칸에 들어갈 적절한 말을 찾도록 합니다.

해석 뉴욕 행 기차는 30분 후에 출발합니다.
① 주다　　　② 구하다
③ 떠나다　　④ 받다

정답 ③

Need to Know

꼭 알아 두어야 할 동사

give 주다	take 받다	receive 받다
get 얻다	leave 떠나다	arrive 도착하다
stay 머물다	push 밀다	pull 당기다
pay 지불하다	check 확인하다	catch 잡다
see 보다	watch 보다	look at 바라보다
draw 그리다	paint 그리다, 칠하다	buy 사다
sell 팔다	save 구하다, 아끼다	move 움직이다, 이사하다

Choose the one that best completes the sentence.

1 We should _____ one dollar if we return books late.

① pay   ② push
③ paint   ④ predict

2 The movie was so _____ that I watched it twice.

① far   ② tasty
③ noisy   ④ interesting

3 I can't stay here until 11 pm. It will be too _____ for me.

① late   ② nice
③ slow   ④ light

4 I _____ a very bad cold, so I went to the hospital.

① saw   ② lost
③ gave   ④ caught

5 He moved all the boxes by himself _____ any help.

① on   ② from

③ without   ④ through

6 We walked very _____ because the baby was sleeping.

① tiredly   ② loudly

③ quietly   ④ perfectly

7 You should _____ this form before you see a doctor.

① try on   ② fill out

③ drop by   ④ result in

8 My computer suddenly _____ and stopped working.

① got on   ② shut down

③ checked in   ④ pointed out

03-A 시각 자료 이해하기

주어진 시각 자료는 주로 도표나 안내문, 메모, 편지 등의 실용문으로 이러한 시각 자료를 보고, 질문에 대한 답을 고르는 유형입니다. 시각 자료를 정확히 분석할 수 있는 능력이 요구됩니다.

Study Point

▶ 평소에 다양한 형태의 도표, 안내문, 보고서, 이메일 등의 실용문을 자주 접하도록 합니다.
▶ 각 자료에 제시되는 숫자나 세부 사항을 꼼꼼히 확인해야 합니다.

S A M P L E

You will read a variety of reading materials such as advertisements, notices, newspaper articles, and letters. Choose the best answer for each question.

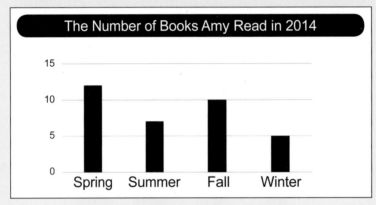

The Number of Books Amy Read in 2014

According to the graph, which is true?
① Amy read more than ten books in the fall.
② Amy read less than five books in the summer.
③ Amy read the biggest number of books in the spring.
④ Amy read the same number of books in the summer and the winter.

Tips
도표에 의하면 Amy는 봄에 10권 이상으로 제일 많이 읽었고, 겨울에 5권으로 제일 적게 책을 읽었습니다. 여름에는 5권 이상을 읽었고, 가을에는 10권을 읽었습니다. 도표의 내용과 각 선택지의 내용을 꼼꼼히 비교하도록 합니다.

해석
그래프에 따르면 다음 중 사실인 것은 어느 것인가?
① Amy는 가을에 10권 이상의 책을 읽었다.
② Amy는 여름에 5권 미만의 책을 읽었다.
③ Amy는 봄에 가장 많은 수의 책을 읽었다.
④ Amy는 여름과 겨울에 같은 수의 책을 읽었다.

정답
③

You will read a variety of reading materials such as advertisements, notices, newspaper articles, and letters. Choose the best answer for each question.

1

Fresh and Delicious Desserts
for birthdays, weddings, and other big events.

Teresa's Bakery

More than 30 different kinds of cakes, pies, and cookies baked just for you!

Free Delivery
Only
On Weekdays

Call us at (212) 881- 2778.

What can be known from the advertisement?

① The store doesn't open on weekends.

② The store offers free drinks for big events.

③ The store sells pies only during the weekdays.

④ The store has more than 30 kinds of bakery items.

2

Thursday Field Trips

November 4th
- Wonder Water Park

November 18th
- Museum of History

November 11th
- Space Village

November 25th
- World Cup Stadium

Register Now! $5 per student.
www.fieldtrips.org

What is true according to the notice?

① Students will visit the museum on the 25th.

② Students need more than 6 dollars to register.

③ Students will go to the water park on the 11th.

④ Students can go on the field trips every Thursday in November.

03-B 독해 지문 이해하기 (1지문 1문항)

4문항
각 3점

주어진 독해 지문을 읽고 관련된 질문에 대한 답을 고르는 유형입니다. 독해 지문을 이해하여 지문의 주제나 세부적인 정보 파악과 논리적인 관계를 추론할 수 있는 능력이 요구됩니다.

Study Point

▶ 평소에 다양한 주제를 가진 독해 지문을 자주 접하도록 합니다.
▶ 독해 지문에 모르는 단어가 나와도 당황하지 말고, 전체 내용을 이해하도록 노력합니다.
▶ 세부 사항을 물을 때는 선택지에 제시된 내용을 지문에서 찾아 밑줄을 그어가면서 확인합니다.

S|A|M|P|L|E

You will read a variety of reading materials such as advertisements, notices, newspaper articles, and letters. Choose the best answer for each question.

> All my classmates like Emily because she is nice to everyone. She always smiles and says hello to people. When I have a hard time doing homework, she helps me a lot and answers my questions. Also, she often brings snacks for us, so we can share them during break time.

What best describes Emily's personality?

① Shy   ② Quiet   ③ Selfish   ④ Friendly

Tips 글쓴이는 반 친구인 Emily를 소개하고 있습니다. Emily가 어떻게 행동하고, 어떤 도움을 주었는지, 그리고 쉬는 시간에 친구들과 무엇을 했는지를 종합하여 그녀의 성격을 파악해야 합니다. 그리고 주어진 선택지의 정확한 의미를 파악해 알맞은 선택지를 골라야 합니다.

해석 우리 반 친구 모두는 Emily를 좋아한다. 왜냐하면 그녀는 모든 사람에게 다정하기 때문이다. 그녀는 항상 미소를 지으며 사람들에게 안녕이라고 말한다. 내가 숙제를 하느라 애를 먹고 있을 때 그녀는 나를 많이 도와주고 내 질문에 답해 준다. 또한 그녀는 종종 우리를 위해 간식거리들을 가져오고, 그래서 우리는 쉬는 시간에 그것들을 함께 나눠 먹는다.

Emily의 성격을 가장 잘 묘사한 것은 무엇인가?
① 수줍어하는   ② 조용한   ③ 이기적인   ④ 친절한

정답 ④

You will read a variety of reading materials such as advertisements, notices, newspaper articles, and letters. Choose the best answer for each question.

1

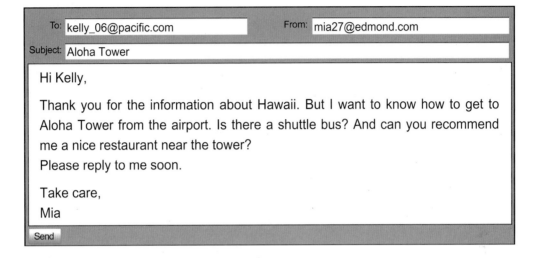

To: kelly_06@pacific.com　　From: mia27@edmond.com
Subject: Aloha Tower

Hi Kelly,

Thank you for the information about Hawaii. But I want to know how to get to Aloha Tower from the airport. Is there a shuttle bus? And can you recommend me a nice restaurant near the tower?
Please reply to me soon.

Take care,
Mia

Send

Why did Mia write this e-mail to Kelly?

① To invite ② To say sorry

③ To give advice ④ To ask for some information

2

The National Orchestra will hold a free music class for students this Sunday at 10 am. The class will provide an opportunity for students to learn the joy of classical music. The students will listen to a live performance by the orchestra. Also, the musical director will tell exciting stories about famous musicians like Mozart and Beethoven.

What is true according to the passage?

① The class costs 10 dollars.

② The class will be held on Saturday.

③ The students will perform live music.

④ The musical director will tell exciting stories.

03-C 독해 지문 이해하기 (1지문 2문항)

주어진 독해 지문을 읽고 지문과 관련된 두 개의 질문에 대한 답을 고르는 유형입니다. 글의 제목이나 주제 등을 파악하는 추론 능력과 함께 세부적인 내용 확인 등의 정확한 내용 이해 능력이 요구됩니다.

S|A|M|P|L|E

You will read a variety of reading materials such as advertisements, notices, newspaper articles, and letters. Choose the best answer for each question.

I like going to the movies with my family on weekends. And I often recommend good movies to my friends. There are three reasons I love movies. First, I can see wonderful scenes and listen to beautiful songs. Second, I can learn about different cultures and people. Finally, movies are interesting and fun. Movies make me feel happy all the time.

Q1.
What is the best title for the passage?

① My Favorite Actor
② My Favorite Movie
③ Why I Like Movies
④ Why I Want to Be a Director

Q2.
What can NOT be known from the passage?

① The writer thinks that movies are fun.
② The writer often lends videos to friends.
③ The writer goes to watch movies on weekends.
④ The writer learns about different cultures through movies.

Study Point

▶ 다양한 주제의 긴 지문을 읽고 글 전체의 주제나 글의 제목, 목적 등 글의 전체적인 대의를 파악하는 연습을 합니다.
▶ 독해 지문의 구체적인 정보를 묻는지, 글의 내용과 일치하거나 일치하지 않는 문장을 골라야 하는지 등의 주어진 질문의 내용을 정확하게 이해해야 합니다.
▶ 지문에 나온 구체적인 정보와 선택지의 정보를 비교하며 확인하도록 합니다.

Tips

Q1. 주어진 질문은 글의 제목을 묻고 있습니다. 글쓴이는 세 가지의 이유를 들어 자신이 왜 영화를 좋아하는지를 설명하고 있으므로 선택지에서 이에 알맞은 것을 찾도록 합니다.

Q2. 독해 지문의 구체적인 내용을 묻는 질문으로 글에 언급되지 않은 내용 혹은 글의 내용과 다른 선택지를 골라야 합니다. 선택지의 의미를 정확하게 파악하고, 그 내용을 글의 내용과 비교하도록 합니다.

해석

나는 주말마다 우리 가족과 함께 영화를 보러 가는 것을 좋아한다. 그리고 나는 종종 친구들에게 좋은 영화를 추천한다. 내가 영화를 사랑하는 세 가지 이유가 있다. 첫째, 나는 놀라운 장면들을 보고 아름다운 노래를 들을 수 있다. 둘째, 나는 다른 문화와 사람들에 대해 배울 수 있다. 마지막으로 영화는 흥미롭고 재미있다. 영화는 항상 나를 행복하게 한다.

Q1. 이 글의 가장 알맞은 제목은 무엇인가?
① 내가 가장 좋아하는 배우
② 내가 가장 좋아하는 영화
③ 내가 영화를 좋아하는 이유
④ 내가 감독이 되고 싶은 이유

Q1. 이 글을 통해 알 수 없는 것은 무엇인가?
① 글쓴이는 영화가 재미있다고 생각한다.
② 글쓴이는 종종 친구들에게 비디오를 빌려준다.
③ 글쓴이는 주말마다 영화를 보러 간다.
④ 글쓴이는 영화를 통해 다른 문화에 대해 배운다.

정답 1. ③ 2. ②

You will read a variety of reading materials such as advertisements, notices, newspaper articles, and letters. Choose the best answer for each question.

1

Lucy is a cat living in Wales, England. She turned 39 this year and became the oldest cat in the world. She was born in 1972 and since then she has been living with her 63-year-old master called Bill. Bill says that Lucy is old but very healthy. Lucy enjoys walking in Bill's garden and playing with Bill's grandson, Tom.

Q1.

How old is Lucy?

① 19 years old

② 39 years old

③ 63 years old

④ 72 years old

Q2.

What is true about Lucy?

① She is very sick.

② She is living in Canada.

③ She is living with her master.

④ She is always inside the house.

2

The first World Cup was held in Uruguay in 1930. Since then, the world-famous event has been held every four years. The first World Cup goal was scored by a French player. The youngest player in the World Cup history was from Ireland. He was 17 years old when he played in 1982. The oldest player was from Cameroon. When he played in 1994, he was 42 years old.

Q1.

Where was the first World Cup held?

① Ireland
② France
③ Uruguay
④ Cameroon

Q2.

What can be known from the passage?

① Ireland won the World Cup in 1982.
② French players are always younger than those from Uruguay.
③ The oldest player in the World Cup history was from Cameroon.
④ The most goals in World Cup history were scored by French players.

01 빈칸에 알맞은 단어 쓰기

주어진 독해 지문의 빈칸에 어법에 맞는 표현이나 글의 흐름에 적절한 단어를 골라 쓰는 유형입니다. 문법 지식을 바탕으로 문맥상 필요한 단어를 파악하여 쓸 수 있는 능력이 요구됩니다.

S A M P L E

Read the following passage and fill in each blank with one of the words given below.

I have a brother named Jerry. He and I _____1_____ very different. For example, Jerry is good at sports but I am not. Also, I am _____2_____ tallest student in my class but Jerry is very short. Although we have many differences, I love my brother more _____3_____ anyone else in the world.

more, the, are, then, am, than

Study Point

▶ 문맥의 흐름을 정확히 이해하고 빈칸에 들어갈 단어를 유추합니다.

▶ 문장에서 요구되는 적절한 시제와 단어의 형태를 고려해야 합니다.

▶ 함께 자주 쓰이는 표현이나 앞뒤 흐름에 맞는 적절한 단어를 찾아내기 위해서 평소에 어휘력을 기르는 것이 중요합니다.

Tips

1. 주어가 He and I입니다. A and B는 복수로, 동사도 복수 동사가 되어야 하므로 are가 정답입니다.

2. 빈칸 다음에 최상급 tallest가 있고 다음에 in '〜에서'라는 말이 있으므로 빈칸에는 정관사 the가 정답입니다. 「the + 최상급 + in 〜」은 '〜에서 가장 …한'이라는 의미를 나타냅니다.

3. 글의 흐름상 세상 누구보다 '더' 사랑한다는 내용이 되어야 하므로 여기에 맞는 표현은 more than이므로 정답은 than입니다.

해석

나는 Jerry라는 이름의 남동생이 하나 있다. 그와 나는 아주 다르 1. 다. 예를 들어, Jerry는 운동을 잘 하지만 나는 그렇지 않다. 또, 나는 우리 반에서 2. 가장 키가 큰 학생이지만 Jerry는 아주 키가 작다. 비록 우리는 많은 다른 점들이 있지만 나는 세상 어느 누구 3. 보다 내 남동생을 사랑한다.

정답

1. are 2. the 3. than

Need to Know

등위 접속사 : 앞뒤의 내용이 대등한 단어와 단어, 구와 구, 절과 절을 연결한다.

□ Linda is good at speaking Japanese **and** Korean.
□ My father always does the dishes slowly **and** carefully.
□ Paul sings **and** Angela dances.
□ I love English, **but** I hate math.
□ Have you been to Paris **or** Rome?

Read the following passage and fill in each blank with one of the words given below.

1

> I have a friend named Ronald. He is 13 years ___1___ and he loves playing soccer very much. He plays soccer ___2___ his friends every day. In fact, he is really ___3___ at playing soccer. His dream is to become a soccer player and play soccer in World Cup game.

> with, well, age, together, good, old

2

> Noah Webster graduated ___1___ Yale University in 1778. He wanted to study law, ___2___ he did not have enough money. So, he decided to get a job as a teacher. In 1783, he wrote a book to teach students how ___3___ read and write. Americans used the book for 100 years in schools all over America.

> to, well, from, but, by, because

3

> Paik Nam-june was a world-famous South Korean artist. He ___1___ considered to be the first video artist. Paik is best known for his creative works. His largest project was "Wrap Around the World" ___2___ was designed for the 1988 Olympic Games ___3___ Seoul.

> what, is, will, at, which, in

4

Mother Teresa was a nun ____1____ a strong woman. She spent her whole life helping the poorest people ____2____ India. Her selfless love touched the hearts of millions of people all over the world. In 1979, she ____3____ honored with Nobel Peace Prize for her noble work.

out, was, be, in, although, and

5

Nowadays, many people keep cats as pets. When they go ____1____ vacation, they can't take their cats with them. Luckily, a cat hotel opened in Britain. The hotel offers delicious meals ____2____ comfortable beds. It costs about 30,000 won to stay with the cat for a day. The hotel ____3____ expensive but it's getting more popular among cat lovers.

and, was, on, at, so, is

6

You can see many kinds ____1____ cheese in France. There is hard cheese, soft cheese, and blue cheese. What makes each cheese different? Cheese ____2____ made from milk. Different animals like cows, goats, or sheep produce milk. They live ____3____ eat in different places. This makes their milk taste different.

but, for, is, of, are, and

49

02 대화에 알맞은 문장 쓰기

A와 B의 대화문을 읽고 대화가 자연스럽게 완성되도록 주어진 단어들을 이용하여 빈칸에 알맞은 의문문의 문장을 쓰는 유형입니다. 대화의 문맥을 파악하여 완전한 형태의 한 문장으로 쓰는 능력이 요구됩니다.

S A M P L E

Read the following dialogue and fill in the blank with one complete sentence by putting the given words in the correct order.

A: I'm getting hungry.

B: Me, too. Let's go eat something.

A: _____?

B: I want to have a chicken sandwich.

you, what, do, want

Study Point

▶의문문의 어순을 정확히 알아두도록 합니다.

▶대화의 마지막 응답에서 앞에 올 수 있는 질문의 힌트를 얻을 수 있습니다.

▶다양한 의문사 의문문에 적절한 응답을 평소에 숙지해 놓습니다.

▶be동사, 조동사, 의문사를 이용한 의문문 만드는 연습을 합니다.

Tips

대화의 흐름에 맞는 적절한 질문을 쓰는 문제입니다. 두 사람은 배가 고파서 음식을 먹으러 나가자고 하며, 대화 마지막에 B가 먹고 싶은 음식을 말하고 있으므로, 빈칸에는 의문사 what을 이용하여 '무엇을 먹고 싶은지'를 묻는 의문문을 만들어야 합니다. 의문문의 어순에 유의하여 주어진 단어를 순서대로 배열해야 합니다.

해석

A: 배가 고파지고 있어.

B: 나도 그래. 뭐 좀 먹으로 가자.

A: 무엇을 먹고 싶니?

B: 난 치킨 샌드위치를 먹고 싶어

정답

What do you want?

Need to Know

의문사 what을 이용한 표현

□ **What is he like?** (그는 어떤 사람이니?) - **He is very smart.**

□ **What does she look like?** (그녀는 어떻게 생겼니?) - **She is tall and thin.**

□ **What was the weather like?** (날씨는 어땠니?) - **It was rainy.**

□ **What does your father do?** (네 아버지의 직업은 무엇이니?) = **What is your father's job?**

□ **What makes you think so?** (왜 그렇게 생각하니?) = **Why do you think so?**

Read the following dialogue and fill in the blank with one complete sentence by putting the given words in the correct order.

1

A: What are you looking for?

B: My school bag. I can't find it anywhere.

A: _____?

B: It is black and has many pockets.

> look, does, it, like, what

2

A: You are 10 minutes late.

B: I am sorry, but there was a traffic jam on the way here.

A: _____?

B: I live near City Hall.

> you, where, do, live

3

A: You have so many flowers in the garden.

B: Yes, I like flowers.

A: _____?

B: I like roses best.

> your, is, flower, what, favorite

4

A: I'd like a one-way ticket to San Jose.

B: All right. That will be $75.

A: _____?

B: It leaves at 5:45.

> when, leave, it, does

5

A: Did you get a new cell phone?

B: Yes. I bought it because I liked the design.

A: _____?

B: At the shopping mall on Rose Avenue.

> buy, you, where, it, did

6

A: I am bored.

B: Me, too. Let's go out and do something fun.

A: _____?

B: I want to play tennis.

> you, any, have, do, ideas

03 : 제시어를 이용하여 사진의 상황을 한 문장으로 묘사하기

주어진 사진을 보고 제시된 단어들을 이용하여 완전한 문장으로 사진을 올바르게 묘사하는 유형입니다.
문장 성분에 맞게 단어들의 순서를 바르게 배열하여 완전한 문장을 만들 수 있는 능력이 요구됩니다.

S A M P L E

Describe the picture with one complete sentence by putting the given words in the correct order.

cup, the, holding, a, is, girl

Study Point

▶ 보통명사의 단수형과 복수형의 형태와 관사의 쓰임에 주의합니다.

▶ 현재진행형의 형태와 쓰임에 대해 파악합니다.

▶ 주어, 동사, 목적어의 어순을 파악하여 문장을 정확히 쓰는 연습을 합니다.

▶ 제시된 단어를 사용하지 않거나 변형하지 않도록 주의합니다.

Tips   사진을 보고 제시된 단어를 바르게 배열하여 사진의 상황을 바르게 묘사하는 문제입니다. 소녀가 컵을 들고 있으므로 주어는 The girl로 시작할 수 있습니다. 동사는 현재진행형으로 현재 상태를 표현할 수 있으므로 is holding이 되고 이어서 목적어가 나올 수 있습니다. 정확히 어순을 파악하여 하나의 문장으로 만들도록 합니다.

해석   소녀가 컵을 들고 있다.

정답   The girl is holding a cup.

Need to Know

현재진행형과 3형식 문장(주어+동사+목적어)의 이해
: 목적어로는 명사, 대명사, 명사 상당어구가 쓰입니다.

□ **The boy is holding a book.** 소년은 책을 들고 있다.

□ **The girls are cleaning the classroom.** 소녀들은 교실을 청소하고 있다.

□ **He is listening to music in his room.** 그는 자기 방에서 음악을 듣고 있다.

□ **She is brushing her teeth.** 그녀는 이를 닦고 있다.

□ **Three men are drawing pictures in the park.** 세 명의 남자는 공원에서 그림을 그리고 있다.

Describe the picture with one complete sentence by putting the given words in the correct order.

1

carrying, is, backpack, girl, a, the

2

is, man, photo, the, taking, a

3

man, a, is, windows, cleaning, the

4

hair, brushing, the, her, is, woman

TOPEL Intermediate

Level ③

1

실 전 모 의 고 사

Listening Part

Reading Part

Writing Part

Listening Part

In the Listening Test, you will be asked to demonstrate how well you understand spoken English.

Part I

Directions: In questions 1-5, you will see a picture and hear four statements describing each picture. Choose the statement that best describes what you see in the picture. Then, mark the correct answer on your answer sheet. The statements will not be repeated, so you must listen carefully.

1
CD1-41

2
CD1-41

3
CD1-41

4
CD1-41

5
CD1-41

Part II

Directions: In questions 6-10, you will hear short conversations. Choose the most appropriate response to the last person's comment at the end of the conversation. Each conversation will not be repeated, so you must listen carefully.

6
CD1-43

① Yes, I did.
② Yes, I am.
③ No, I wasn't.
④ No, I couldn't.

7
CD1-43

① You can't miss it.
② It is very far away.
③ You can walk to my house.
④ It will take about 10 minutes.

8
CD1-43

① Let's meet at 4:30.
② I like comedy movies.
③ I'll ask Tom to join us.
④ See you at the bus stop.

9
CD1-43

① I'm glad you like it.
② Yes. It's very heavy.
③ I want to play games.
④ No. I can do it by myself.

10
CD1-43

① The shop is closed.
② Maria lives in San Francisco.
③ There's one across the street.
④ I don't know how to spell her name.

CD1-44

Part III

Directions: In questions 11-24, you will hear some conversations. Choose the best response to each question and mark the correct answer on your answer sheet. The questions are printed out in your test booklet.

11
CD1-45

Why did the man call the woman?

① To give advice   ② To ask for a favor
③ To invite her to his house   ④ To cancel the appointment

12
CD1-46

Where will the man and the woman meet?

① At the man's house   ② At the subway station
③ At the woman's house   ④ At the baseball stadium

13
CD1-47

What is the most likely relationship between the man and the woman?

① Pen pals   ② Neighbors
③ Classmates   ④ Family members

14
CD1-48

When will the man and the woman go hiking?

① This Saturday   ② This Sunday
③ Next Saturday   ④ Next Sunday

15
CD1-49

How much should the man pay?

① 10 dollars   ② 15 dollars
③ 20 dollars   ④ 25 dollars

16
CD1-50

Who is the man most likely talking to?

① A writer   ② A teacher
③ A librarian   ④ A sales clerk

17
CD1-51

Which place did the woman visit last month?

① Taipei   ② Tokyo
③ Singapore   ④ Hong Kong

18
CD1-52
Which items were NOT on sale yesterday?

① Hats   ② Pants

③ Shirts   ④ Sweaters

19
CD1-53
What is the reason the man likes spring?

① Many flowers   ② Warm weather

③ Green tree leaves   ④ Various spring festivals

20
CD1-54
What time will the man and the woman leave for the restaurant?

① At 6:00   ② At 6:30

③ At 7:00   ④ At 7:30

21
CD1-55
Where are the man and the woman now?

① At an airport   ② At a train station

③ At an amusement park   ④ At an express bus station

22
CD1-56
How will the woman go to City Hall?

① By taxi   ② By bus

③ On foot   ④ By subway

23
CD1-57
What are the man and the woman mainly talking about?

① Their future dreams   ② Their favorite sports

③ Their weekend plans   ④ Their health problems

24
CD1-58
What will the man do after class?

① Eat at the cafeteria   ② Perform at a concert

③ Take the piano lesson   ④ Meet a famous musician

CD1-59

Part IV

Directions: In questions 25-30, you will hear some monologues. Choose the best response to each question and mark the correct answer on your answer sheet. The questions are printed out in your test booklet.

25
CD1-60

What will the students study about today?

① Small sea animals
② Large sea animals
③ Small land animals
④ Large land animals

26
CD1-61

How will the weather be tomorrow morning?

① Rainy
② Windy
③ Sunny
④ Cloudy

27
CD1-62

What is NOT mentioned about Jennifer?

① Where she is from
② Why she likes her job
③ When she moved to Seoul
④ What she studied at university

28
CD1-63

What will the tourists do right after lunch?

① Visit the Lincoln Memorial
② Go to the White House
③ Look around the art gallery
④ Take pictures in front of Capitol Hill

29
CD1-64

Who is the speaker most likely to be?

① A painter
② A designer
③ A hairdresser
④ A makeup artist

30
CD1-65

What does the speaker want to do?

① Get a full refund
② Talk to the designer
③ Exchange the shoes for new ones
④ Get the scratch on the shoes repaired

Reading Part

In the Reading Test, you will read a variety of texts and answer several different types of reading comprehension questions.

Part V

Directions: In questions 1-5, you will have to find the grammatical error among the underlined words.

1~5

Choose the underlined one that is grammatically incorrect.

1 Mr. Kim <u>bought</u> two <u>pair</u> of gloves <u>for</u> <u>his</u> daughter.
   ①   ②   ③ ④

2 Her <u>film</u> became <u>very</u> more popular <u>than</u> people had <u>expected</u>.
   ①   ②   ③   ④

3 Janet looked <u>beautifully</u> in <u>the</u> green dress <u>when</u> she <u>played</u> the piano.
              ①   ②   ③   ④

4 I'm interested in <u>cook</u>, but I'm <u>not</u> a <u>good</u> cook.
       ①   ②   ③   ④

5 The <u>swimming</u> pool opens <u>on</u> weekdays but <u>close</u> during <u>weekends</u>.
        ①   ②   ③   ④

Part VI

Directions: In questions 6-10, you will have to find the most appropriate one to complete the sentence.

6~10

Choose the one that best completes the sentence.

6 Firefighters _____ people from dangerous situations. We should thank them.

① save ② raise
③ bring ④ teach

7 The test was so _____ that I couldn't solve most of the questions.

① slow ② soft
③ boring ④ difficult

8 We were not able to play baseball because it rained so _____.

① deeply ② heavily
③ specially ④ carefully

9 My sister is a fashion designer. She makes nice and comfortable _____.

① clothes ② scissors
③ furniture ④ machines

10 It's very cold. You'd better _____ your coat when you go out.

① put on ② drop by
③ turn off ④ ask about

Directions: In questions 11-25, you will read a variety of reading materials such as advertisements, notices, newspaper articles, and letters. Choose the best answer for each question.

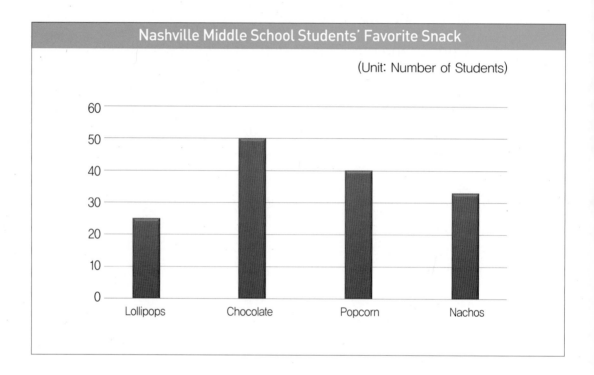

Nashville Middle School Students' Favorite Snack

(Unit: Number of Students)

11 According to the graph, which of the following is true?

① More students like nachos than popcorn.

② Fewer students like chocolate than lollipops.

③ The smallest number of students likes lollipops.

④ The same number of students likes popcorn and chocolate.

12

What is NOT mentioned on the invitation card?

① How long the party will last

② Where the party will be held

③ What number the guests can call

④ What the guests should bring to the party

13

According to the coupon, how can you get a free soft drink?

① By ordering a green salad

② By going to the restaurant before 11 am

③ By getting three family size pizzas delivered

④ By eating one family size pizza at the restaurant

실전모의고사 1회

실전모의고사 2회

실전모의고사 3회

실전모의고사 4회

14 Which of the following is true about the classes?

① It costs ten dollars.

② It takes place every Thursday.

③ It is only for children under six years old.

④ Its information can be found on the newspaper.

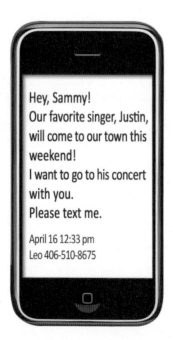

15 What can be known from the text message?

① Leo will pay for the concert tickets.

② Leo and Sammy go to the same school.

③ Sammy has been to Justin's concert before.

④ Both Sammy and Leo like the singer named Justin.

Rachel is my older sister and she takes good care of me. She is busy working, but she helps me study. When I have questions about something, she explains them to me all the time. On weekends, she bakes bread or cookies for me. Sometimes, she and I practice playing the guitar together.

16 What best describes Rachel's personality?

① Shy

② Lazy

③ Kind

④ Humorous

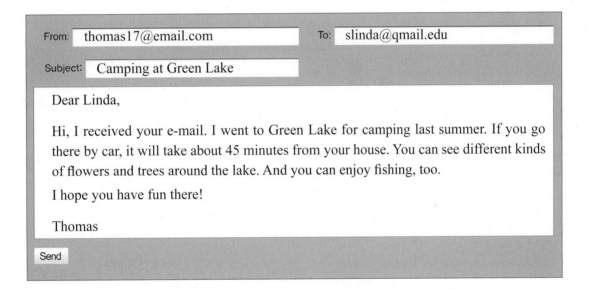

17 Why did Thomas send the e-mail to Linda?

① To borrow something

② To go camping with her

③ To invite her to his house

④ To give her some information

People believe some food brings good luck. People in countries like Austria and Portugal enjoy pork because pigs are a symbol of wealth. Americans believe green vegetables bring wealth because money is also green. Also, German people think fish brings luck. And people in Italy enjoy doughnut-type bread because they think a ring-shape means life.

18 Who believes green vegetables bring wealth?

① Italians

② Germans

③ Austrians

④ Americans

When you do your homework, write down what you have to do. Then, do the hardest part first. If you don't know some parts, don't spend too much time on it. Ask your teacher or classmates for help. And take a short break while doing your homework. Sitting for too long will make you tired.

19 What is the passage mainly about?

① Why you should take a break

② Where you should take a break

③ How you should do your homework

④ When you should finish your homework

20~21

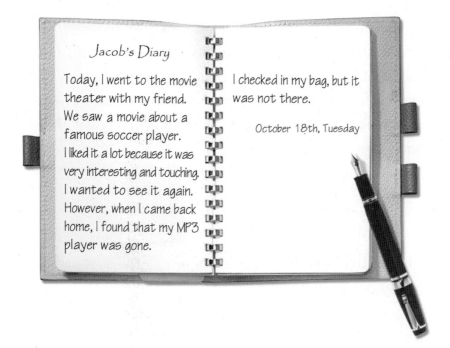

20 How did Jacob probably feel after he came home?

① Happy

② Lonely

③ Excited

④ Worried

21 According to the diary, what is NOT true about Jacob?

① He watched a movie on Tuesday.

② He found his MP3 player in his bag.

③ He thought the movie was touching.

④ He went to the theater with his friend.

A very interesting marathon was held in Japan. It was a marathon for robots. This kind of event has never been held before. It usually takes about two hours for professional marathoners to finish the course. However, it took four days for the robots to finish. The robots could get new batteries when they needed. When they fell down, they stood up again on their own.

22 What is the best title for the passage?

① The World's Fastest Robot

② The World's Greatest Marathoner

③ The World's First Robot Marathon

④ The World's Most Interesting Sports

23 What can be known from the passage?

① Many Japanese are interested in science.

② No one helped the robots stand up again.

③ The robots practice running for two hours a day.

④ The robots changed the batteries by themselves.

24~25

> Kenneth Grahame was born on March 8, 1859 in England. When he was a child, he loved writing stories about adventures. When he grew up, Kenneth started working at a bank. But he wrote stories for magazines when he had time. Later, he wanted to write stories for children. His first book, *The Wind in the Willows* became a bestseller and it is still loved by children.

24 What is NOT mentioned about Kenneth Grahame?

① His birthday

② His home country

③ His first book's title

④ His children's names

25 What can be known from the passage?

① Kenneth read many magazines.

② *The Wind in the Willows* was popular.

③ Kenneth took a writing class at university.

④ A writer is a more popular job than a banker.

Writing Part

In the Writing Test, you will be asked to demonstrate how well you write in English.

Part VIII

Directions: In questions 1-5, you will be asked to fill in the blanks and to describe a picture. Write the best answer for each question.

1~3

Read the following passage and fill in each blank with one of the words given below.

Professor Reid has been training a dog named Chaser ____1____ three years. The professor began language training when the dog was only five months ____2____. Now, Chaser understands more than 200 words ____3____ knows 1,022 toy names. Professor Reid said, "Chaser might be the smartest dog ever."

and,　to,　alive,　for,　old,　but

4

Read the following dialogue and fill in the blank with one complete sentence by putting the given words in the correct order.

A: May I help you?
B: Yes, I'd like to buy tickets for *Sunshine Town*.
A: Okay. _____?
B: I want two tickets.

many,　want,　you,　how,　do

5

Describe the picture with one complete sentence by putting the given words in the correct order.

a, is, woman, horse, the, riding

THE END

실전모의고사 1회

실전모의고사 2회

실전모의고사 3회

실전모의고사 4회

TOPEL Intermediate

Level ③

실 전 모 의 고 사

2

Listening Part

Reading Part

Writing Part

Listening Part

In the Listening Test, you will be asked to demonstrate how well you understand spoken English.

CD1-66

Part I

Directions: In questions 1-5, you will see a picture and hear four statements describing each picture. Choose the statement that best describes what you see in the picture. Then, mark the correct answer on your answer sheet. The statements will not be repeated, so you must listen carefully.

1
CD1-67

2
CD1-67

3
CD1-67

4
CD1-67

5
CD1-67

Part II

Directions: In questions 6-10, you will hear short conversations. Choose the most appropriate response to the last person's comment at the end of the conversation. Each conversation will not be repeated, so you must listen carefully.

6
CD1-69
① No, I'm not.
② Yes, you can.
③ Yes, I have to.
④ No, you didn't.

7
CD1-69
① I am getting better.
② I will go at four o'clock.
③ I will keep myself warm.
④ I'm taking some medicine.

8
CD1-69
① He is doing fine.
② His name is Jeff.
③ His school is there.
④ He is ten years old.

9
CD1-69
① I had a great time.
② It starts at two o'clock.
③ It is behind the John's cafe.
④ You can go with your friends.

10
CD1-69
① It will end soon.
② They have many books.
③ You can buy books here today.
④ They have book sales every month.

CD1-70

Part III

Directions: In questions 11-24, you will hear some conversations. Choose the best response to each question and mark the correct answer on your answer sheet. The questions are printed out in your test booklet.

11
CD1-71

Where is the man now?

① At a market
② At a gift shop
③ At a supermarket
④ At a shoe repair shop

12
CD1-72

How will the woman get to the Washington Library?

① By taxi
② By bus
③ By train
④ By subway

13
CD1-73

Why did the man call the woman?

① To ask her to help him
② To invite her to the festival
③ To give her some advice
④ To do their homework together

14
CD1-74

What is the most likely relationship between the man and the woman?

① Friends
② Siblings
③ Relatives
④ Colleagues

15
CD1-75

Who is the man talking to?

① A friend
② A waiter
③ A doctor
④ A sales clerk

16
CD1-76

When will the woman go to the man's house?

① At 12:00
② At 1:00
③ At 2:00
④ At 3:00

17
CD1-77

What will the woman do right after the conversation?

① Make a plan
② Send a package
③ Weigh a package
④ Deliver a package

18
CD1-78
What are the man and the woman talking about?

① A new teacher ② A new classroom

③ A new store opening ④ A new computer room

19
CD1-79
What time is it now?

① 6:30 pm ② 6:45 pm

③ 7:00 pm ④ 7:15 pm

20
CD1-80
When will the man go shopping?

① Today ② Tomorrow

③ The day after tomorrow ④ Next Sunday

21
CD1-81
How did the woman feel about the American Culture Night?

① Tired ② Bored

③ Excited ④ Surprised

22
CD1-82
What is the job of the man's father?

① A writer ② An editor

③ A designer ④ A manager

23
CD1-83
How long was the woman's trip to Busan?

① Three days ② One week

③ Two weeks ④ One month

24
CD1-84
Where would the class schedule be put?

① Above the calendar

② Next to the calendar

③ On the left of the chalkboard

④ On the right of the chalkboard

Part IV

Directions: In questions 25-30, you will hear some monologues. Choose the best response to each question and mark the correct answer on your answer sheet. The questions are printed out in your test booklet.

25
CD1-86

Which city was NOT mentioned by the speaker?

① Rome   ② Venice

③ Verona   ④ Florence

26
CD1-87

What will the boys do on Thursday?

① Go on a field trip to the zoo   ② Draw paintings to decorate the school

③ Go on a field trip to the museum   ④ Help rearrange the school's classrooms

27
CD1-88

When will the library be open for the longest hours?

① On Sundays   ② On Saturdays

③ From Monday to Friday   ④ From Saturday to Sunday

28
CD1-89

What is on sale on Monday?

① Meat   ② Drinks

③ All items   ④ Eggs and milk

29
CD1-90

Why do the passengers have to stay at the airport?

① To avoid the storm

② To watch their luggage

③ To change to another airline

④ To get more information about schedule changes

30
CD1-91

What is NOT mentioned about writing a journal?

① It brings back memories.   ② It can be a gift for friends.

③ It improves the writing skills.   ④ It improves the vocabulary skills.

85

Reading Part

In the Reading Test, you will read a variety of texts and answer several different types of reading comprehension questions.

Part V

Directions: In questions 1-5, you will have to find the grammatical error among the underlined words.

1~5

Choose the underlined one that is grammatically incorrect.

1 He <u>like</u> <u>watching</u> television <u>in</u> the <u>evening</u>.
       ①   ②   ③   ④

2 I will <u>show</u> you the <u>best</u> way <u>painting</u> the <u>wall</u>.
         ①   ②   ③   ④

3 Seoul is the most <u>beautiful</u> city <u>which</u> I <u>visit</u> last <u>year</u>.
              ①   ②   ③   ④

4 English <u>are</u> spoken <u>in</u> my drama <u>class</u> this <u>semester</u>.
        ①   ②   ③   ④

5 The teacher <u>cheerful</u> <u>motivated</u> <u>him</u> to do better <u>from</u> now on.
              ①   ② ③   ④

Part VI

Directions: In questions 6-10, you will have to find the most appropriate one to complete the sentence.

6~10

Choose the one that best completes the sentence.

6 My mom _____ the dirty spots.

① noted on   ② woke up

③ washed off   ④ closed down

7 My teacher gave an excellent _____ to my English project.

① time   ② grade

③ homework   ④ practice

8 I exercise for thirty minutes before I _____ back home.

① buy   ② get

③ give   ④ study

9 He covered the cake _____ with sliced bananas.

① sadly   ② badly

③ strongly   ④ completely

10 John is _____ when it comes to mathematics but not too intelligent when it comes to science.

① big   ② little

③ smart   ④ awkward

Directions: In questions 11-25, you will read a variety of reading materials such as advertisements, notices, newspaper articles, and letters. Choose the best answer for each question.

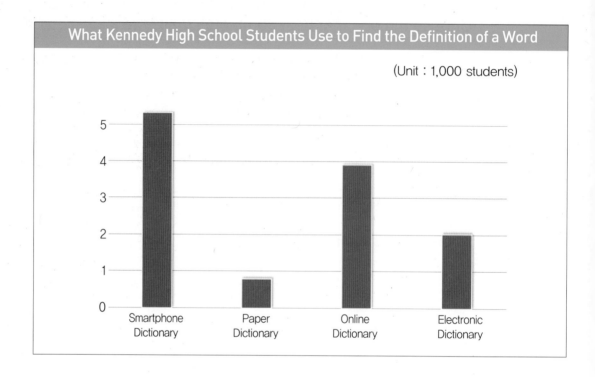

What Kennedy High School Students Use to Find the Definition of a Word

(Unit : 1,000 students)

11 According to the graph, what is NOT true?

① 2,000 students use electronic dictionaries.

② Fewer students use paper dictionaries than online dictionaries.

③ Smartphone dictionaries are the most popular among students.

④ The least popular way to look up words is electronic dictionaries.

12 What can be known from the advertisement?

① A one day sale for a beautiful gift

② The kinds of flowers the store sells

③ The homepage address of the store

④ The special price of flowers for Mother's Day

13 According to the menu, what is true?

① The menu is for dinner.

② The menu shows a special course meal.

③ The restaurant only serves juice for drinks.

④ There are three menu items you can choose from.

MESSAGE

FOR: Mrs. Johnson

DATE: April 2   TIME: 12:00 (A.M./**P.M.**)

PHONE: 761-5418

CELL: _____

TELEPHONED		PLEASE CALL	
CAME TO SEE YOU		WILL CALL AGAIN	
WANTS TO SEE YOU	X	RUSH	
RETURNED YOUR CALL		SPECIAL ATTENTION	

MESSAGE: Tim needs your help on his assigned project and wants a tutor.

---

14 What can NOT be known from the message?

① It is for Mrs. Johnson.

② It was written on April 2nd.

③ Mrs. Johnson is Tim's tutor.

④ Tim needs Mrs. Johnson's help.

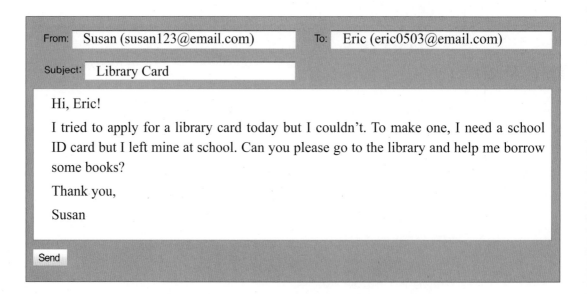

From:	Susan (susan123@email.com)	To:	Eric (eric0503@email.com)

Subject: Library Card

Hi, Eric!

I tried to apply for a library card today but I couldn't. To make one, I need a school ID card but I left mine at school. Can you please go to the library and help me borrow some books?

Thank you,

Susan

Send

---

15 Why was Susan NOT able to get a library card?

① Eric was not there with her.

② She could not go to school.

③ The library had computer problems.

④ She did not have a school ID card with her.

Hokkaido is Japan's second largest island. It is connected to the country's main and largest island, Honshu. The largest city in Hokkaido, Sapporo is its capital. Hokkaido is known for its cool summers and icy winters. During winter, huge quantities of snow cover the mountains. Hokkaido is one of Japan's most popular regions for snow sports.

16

What is NOT true about Hokkaido?

① Sapporo is the capital of Hokkaido.

② Hokkaido is well-known for snow sports.

③ Hokkaido is hot in summer and cold in winter.

④ Hokkaido is the second largest island in Japan.

Today, I had a mid-term test but I didn't do well. I studied hard, but I made a few mistakes. I could answer most of the questions from the book, but I forgot to review my notes. The next test is the last one. I should study questions from both my book and notes to get an 'A' score on the next test.

17

What will the writer do to get a better grade?

① Read the entire book

② Ask for help from the teachers

③ Study questions from the book and notes

④ Only solve all of the questions in the book

To earn a pilot license in the United States, first, you need to pass a basic medical exam. Second, you must take lessons from a certificated flight instructor. Third, you would need to pass a written exam with 100 questions. Finally, you would have to complete a solo flight. Once you finish all of the required steps, you will receive your pilot license.

18 What is NOT required to get a pilot license?

① A solo flight
② A written exam
③ A medical exam
④ A physical exam

Swimming has been a popular sport to watch at every modern Summer Olympics. It began with men's swimming in 1896 and has been open to women since 1912. Just like gymnastics, and track and field, swimming has many different events. The United States has shown the best performance and so far has earned 214 gold medals in swimming.

19 What is true according to the passage?

① Swimming doesn't have many international events.
② Women's swimming became the most popular sport.
③ Men's swimming became part of the Olympics before women's.
④ The U.S. has earned 214 Olympic gold medals only in women's swimming.

20~21

 Jeff loves his two dogs. They are both Beagles. Beagles are hunting dogs and they are very active. Jeff loves to play outside with them. His favorite cartoon character, Snoopy from "Peanuts", is also a Beagle. Typically Beagles bark often and make a lot of noise but his dogs are very quiet inside the house. These are the reasons why Jeff loves his dogs.

20 What is the passage mainly about?

① A Beagle's normal behavior
② Jeff's dogs' friendliness to others
③ Jeff's dogs that never cause trouble
④ Several reasons why Jeff loves his dogs

21 How are Jeff's dogs different from other Beagles?

① They are very inactive.
② They like to play indoors.
③ They are used for hunting.
④ They do not bark inside the house.

German Unity Day is a German holiday celebrated in October. It celebrates East and West Germany reuniting after the fall of the Berlin Wall in 1989. Every year, various cities around the country celebrate German Unity Day with ceremonies and festivals called Bügerfests. On this day, many films and documentaries are shown on TV to educate the people about the history of Germany and the fall of the Berlin Wall.

22 What is the best title for the passage?

① German Holidays

② German Unity Day

③ The history of Germany

④ The fall of the Berlin Wall

23 What do Germans NOT do for celebrating German Unity Day?

① Have Bügerfests festivals

② Get together in front of the Berlin Wall

③ Watch films about the history of Germany

④ Educate people about the fall of the Berlin Wall

24~25

    Born in Ohio in 1955, the track and field athlete, Edwin Moses, became an Olympic gold medalist. He was successful at sports from a young age. Moses broke the world records in his sport multiple times and won two gold medals. After his athletic career, he created a drug testing program for athletes. He started the development of drug tests to stop athletes from using drugs that improved their ability during competitions. Many say it was the first attempted action to stop the use of drugs in sports among athletes.

24 What best describes Edwin Moses?

① Kind

② Strict

③ Initiative

④ Cheerful

25 What can NOT be known about Edwin Moses?

① He created a drug test.

② He was an Olympic athlete.

③ He came from a poor background.

④ He had a successful athletic career.

Writing Part

In the Writing Test, you will be asked to demonstrate how well you write in English.

Part VIII

Directions: In questions 1-5, you will be asked to fill in the blanks and to describe a picture. Write the best answer for each question.

1~3

Read the following passage and fill in each blank with one of the words given below.

My father taught me fishing. Fishing ____1____ fun. My father ____2____ I went to many different lakes to fish. My favorite place is Irvine Lake because I could catch many kinds of fish there. Also I caught ____3____ biggest Salmon in that lake. I love to go fishing because I like the natural surroundings and traveling with my father.

but, the, more, is, are, and

4

Read the following dialogue and fill in the blank with one complete sentence by putting the given words in the correct order.

A: I've heard that you have a concert this Saturday.

B: Yes, right. I'm practicing for it day and night.

A: That's good. _____?

B: It starts at 7 o'clock.

it, start, when, does

5

Describe the picture with one complete sentence by putting the given words in the correct order.

drinking, woman, water, is, the

THE END

TOPEL Intermediate

Level

3

실 전 모 의 고 사

Listening Part

Reading Part

Writing Part

Listening Part

In the Listening Test, you will be asked to demonstrate how well you understand spoken English.

CD2-01

Part I

Directions: In questions 1-5, you will see a picture and hear four statements describing each picture. Choose the statement that best describes what you see in the picture. Then, mark the correct answer on your answer sheet. The statements will not be repeated, so you must listen carefully.

1
CD2-02

2
CD2-02

3
CD2-02

4
CD2-02

5
CD2-02

Part II

Directions: In questions 6-10, you will hear short conversations. Choose the most appropriate response to the last person's comment at the end of the conversation. Each conversation will not be repeated, so you must listen carefully.

6
CD2-04

① I don't like it.
② It's in my pocket.
③ It's small and black.
④ I lost it an hour ago.

7
CD2-04

① It is faster than the ship.
② Deliver it by express.
③ It will take a long time.
④ That will be ten dollars.

8
CD2-04

① In a hotel.
② For one week.
③ With my friends.
④ Twenty miles away.

9
CD2-04

① He looks handsome.
② You have brown eyes.
③ I want to buy a blue one.
④ A simple design will be good.

10
CD2-04

① I fell asleep.
② It's in my room.
③ I stayed up late.
④ It's *Harry Potter*, the last series.

CD2-05

Part III

Directions: In questions 11-24, you will hear some conversations. Choose the best response to each question and mark the correct answer on your answer sheet. The questions are printed out in your test booklet.

11
CD2-06

When does the concert begin?

① At 1 o'clock   ② At 4 o'clock
③ At 5 o'clock   ④ At 6 o'clock

12
CD2-07

Where are the man and the woman now?

① In a hospital   ② In a bookstore
③ In a restaurant   ④ In a clothing store

13
CD2-08

What did the woman do in Jeju Island?

① Go hiking   ② Swim at the beach
③ Eat some seafood   ④ Visit her grandmother

14
CD2-09

What is the woman going to do tonight?

① Stay home   ② Visit her grandfather
③ Celebrate her own birthday   ④ Attend the man's birthday party

15
CD2-10

How much should the man pay?

① 10 dollars   ② 15 dollars
③ 18 dollars   ④ 20 dollars

16
CD2-11

What does the woman like?

① The man's name   ② The man's house
③ The man's sketch   ④ The man's country

17
CD2-12

What kind of pet does the woman have now?

① A fish   ② A turtle
③ A hamster   ④ None

18
CD2-13

How is the weather now?

① Rainy   ② Sunny
③ Snowy   ④ Cloudy

19
CD2-14

How long can the man keep the borrowed books?

① For a day   ② For two days
③ For three days   ④ For a week

20
CD2-15

Who has been to Hawaii?

① Only the man   ② Only the woman
③ Both the man and the woman   ④ Neither the man nor the woman

21
CD2-16

What will the woman do this weekend?

① Go hiking   ② Stay home
③ Play soccer   ④ Go camping

22
CD2-17

Which position will the man play?

① A hitter   ② A pitcher
③ A catcher   ④ He won't play.

23
CD2-18

What is NOT true about the woman's jacket?

① It's blue.   ② It's expensive.
③ It's brand new.   ④ It's 50% off.

24
CD2-19

Why is the man going to the hospital?

① To see a doctor
② To meet his dad
③ To visit his friends
④ To help sick people

Part IV

CD2-20

Directions: In questions 25-30, you will hear some monologues. Choose the best response to each question and mark the correct answer on your answer sheet. The questions are printed out in your test booklet.

25
CD2-21

What is NOT in the bag?

① Two books
② A baseball cap
③ A lunch box
④ A yellow T-shirt

26
CD2-22

How will the weather be tomorrow morning?

① Rainy
② Snowy
③ Sunny
④ Cloudy

27
CD2-23

What do you need to do to know about the zoo's opening hours?

① Press 1
② Press 2
③ Press 3
④ Press 9

28
CD2-24

What does the speaker need to do tonight?

① Go to the movies
② Babysit her brother
③ Finish her homework
④ Stay home with her parents

29
CD2-25

How many new exercise programs are being introduced?

① One
② Two
③ Three
④ Four

30
CD2-26

What is mentioned about World Arts Center?

① The founder
② The location
③ The admission fee
④ The number of visitors

Reading Part

In the Reading Test, you will read a variety of texts and answer several different types of reading comprehension questions.

Part V

Directions: In questions 1-5, you will have to find the grammatical error among the underlined words.

1~5

Choose the underlined one that is grammatically incorrect.

1 My brother study French in school almost every day.
            ①   ②   ③   ④

2 The actually cost was higher than we expected.
       ①   ②   ③   ④

3 This is one of the more beautiful buildings in the world.
         ① ②   ③   ④

4 I was sleeping, so they go out without me.
         ① ② ③   ④

5 The report about the car accident was writing by the witness.
         ①   ②   ③   ④

Part VI

Directions: In questions 6-10, you will have to find the most appropriate one to complete the sentence.

6~10

Choose the one that best completes the sentence.

6 Have you seen my _____? I can't see anything without them.

① boots   ② gloves

③ glasses   ④ necklaces

7 Everything looks _____ to me because nothing has changed.

① bright   ② afraid

③ absent   ④ familiar

8 Do you know how to _____ a horse? It's really fun.

① skip   ② ride

③ travel   ④ provide

9 We are out of time! We need to finish this as _____ as possible.

① deadly   ② quickly

③ happily   ④ strongly

10 Can you _____ my baby daughter while I'm on a business trip?

① put on   ② turn off

③ look after   ④ catch up on

Directions: In questions 11-25, you will read a variety of reading materials such as advertisements, notices, newspaper articles, and letters. Choose the best answer for each question.

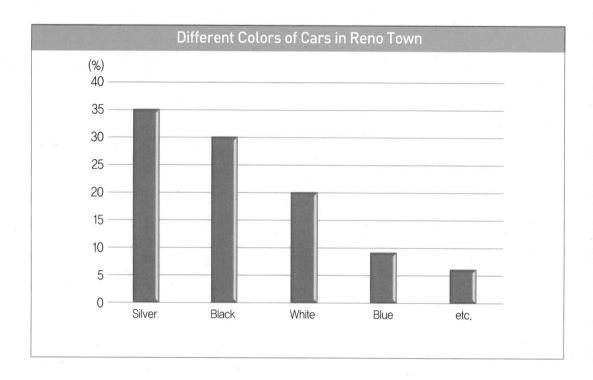

Different Colors of Cars in Reno Town

11 According to the graph, what is NOT true?

① Silver cars are the most popular.

② White cars are the least popular.

③ Blue cars are less popular than silver cars.

④ Black cars are more popular than blue cars.

POOL RULES

* NO ANIMALS IN POOL AREA
* NO FOOD OR DRINKS IN THE POOL
* NO RUNNING AROUND THE POOL
* USE THE RESTROOM, NOT THE POOL!

12 Which of the following is mentioned on the rules?

① You cannot use the restroom.
② You should not run around the pool.
③ You can play with your dog in the pool.
④ You can have some snacks in the pool.

You are invited to
a Birthday Celebration
in honor of **Jessie Lewis.**

Saturday, November 12th, 2015
7:00 pm – 10:00 pm
Smith's House
212 Green Street

13 What can NOT be known about the event?

① Who it is for
② When it is held
③ Where it is held
④ How many people will attend it

First Time Customers

Save $5

at www. iHerb.com

Use Coupon Code : **LUV679**

When You Place Your First Order

14 What is NOT written on the coupon?

① Coupon code

② Expiration date

③ Website address

④ Discount amount

Mary's Second-Hand Music Shop

No.	Item	Retail Price	Shipping Charge	Total Price
1	Piano	$500	$200	$700
2	Guitar	$150	$20	$170
3	Drum set	$600	$50	$650
4	Violin	$200	$20	$220

15 What is true according to the item list?

① The piano has the highest retail price.

② The drum set has the highest total price.

③ The violin's shipping charge is lower than the guitar's.

④ The piano's shipping charge is higher than the drum set's.

Have you ever heard of the Flying Doctors? In Australia, doctors traveled by aircraft to visit patients who lived far away. They provided health care to people who were unable to access a hospital because of the far distances. The Flying Doctors Service started in 1928 and it still continues to operate today.

16 How long has the Flying Doctors Service continued?

① For almost 10 years

② For almost 50 years

③ For almost 90 years

④ For more than 100 years

Dogs are faithful animals. They help people in many ways. One example is guide dogs. Guide dogs are trained to lead blind people. They help blind people ride buses or trains and cross the road. Most of them live with blind people listening to their  owner's commands and following them. Guide dogs also help blind people prevent emotional depression by offering companionship.

17 What can be known about guide dogs?

① They are wild animals.

② They help other animals.

③ They are trained by the blind people.

④ They help the blind to ride public transportation.

The game of football started in England in the 1850s. The first international football match took place in 1872 between Scotland and England. In 1908, it finally became an official Olympic game and more people started to enjoy the sport. Today, millions of people all around the world play football and watch the game on TV.

18 According to the passage, what is NOT true?

① Football has gradually become popular.

② The first game of football was played in England.

③ Football became an official Olympic game in 1908.

④ England's first football match was with the Ireland National team.

Traveling to other countries and facing foreign cultures can be a great experience. However, it can also be very confusing at the same time. You can meet a lot of problems while staying in a foreign country. The most important thing is to keep an open mind. Just remember that the things are not the same as your own culture wherever you go.

19 What is the main idea of the passage?

① Don't go abroad.

② Be proud of your own culture.

③ Have an open mind to foreign cultures.

④ Don't waste your money while traveling.

20~21

Trees are useful to us in many ways. First of all, they give us food. We can eat their delicious fruits. Secondly, they give us clean air. They take in bad air from the atmosphere and give out clean air. Lastly, they prevent floods when it rains heavily. Trees hold in a lot of rainwater. If there were no trees, we would experience more frequent floods.

20 What do trees prevent according to the passage?

① Flood
② Drought
③ Landslide
④ Rainstorm

21 What is mentioned about trees?

① They make bad air.
② They make a shade.
③ They give out clean air.
④ They prevent heavy rain.

실전모의고사 1회

실전모의고사 2회

실전모의고사 3회

실전모의고사 4회

English has become an important part of modern Indian life. That's because India has a lot of local languages. Without English, it seems that it would be hard for people to communicate with each other in India. Interestingly, there are many differences in grammar and words between American English and Indian English. At first, most people thought these differences were mistakes made by Indians. Now, that idea has changed. Today, everybody thinks Indian English is also correct in its own way.

22 What is the best title for the passage?

① The Future of Indian English

② The History of American English

③ The Characteristics of Indian Languages

④ The Differences Between Indian and American English

23 What can be known from the passage?

① Indians will develop a new language.

② No one will use Indian English anymore.

③ All Indians will soon start to use American English.

④ English is an important language in India for communication.

24~25

Hi Sue,

How's it going?
You wanted to know about some ways to be healthy.
Here's my advice. First, you need to eat many fruits and vegetables.
Try to avoid eating too much fast food. Also, you need to get enough sleep.
Don't stay up too late watching TV or surfing the Internet.
Finally, exercise regularly. Swimming, biking and jogging are all good for your health.
I hope these are helpful to you.

Bye for now.
Jackie Brown

24 What is the main purpose of the letter?

① To say hello
② To say thanks
③ To give advice
④ To ask for some help

25 Which of the following is NOT what Jackie Brown is saying?

① You should eat plenty of fruit.
② You should exercise regularly.
③ You should never eat fast food.
④ You shouldn't go to bed too late.

Writing Part

In the Writing Test, you will be asked to demonstrate how well you write in English.

Part VIII

Directions: In questions 1-5, you will be asked to fill in the blanks and to describe a picture. Write the best answer for each question.

1~3

Read the following passage and fill in each blank with one of the words given below.

My sister is just a year older ____1____ I am. We have a lot of things in common. First of all, we look alike. I am 161 centimeters ____2____, and so is she. I have straight black hair and dark brown eyes, and so does she. We share many of the same interests, ____3____.

too, large, than, to, as, tall

4

Read the following dialogue and fill in the blank with one complete sentence by putting the given words in the correct order.

A: Did you go to the Italian restaurant that I recommended?
B: Yes. I went there last Friday.
A: _____?
B: I had spaghetti. It was delicious.

did, what, there, have, you

5

Describe the picture with one complete sentence by putting the given words in the correct order.

a, is, holding, boy, bird, the, up

THE END

TOPEL Intermediate

Level 3

실 전 모 의 고 사

4

Level Up

Listening Part

Reading Part

Writing Part

Listening Part

In the Listening Test, you will be asked to demonstrate how well you understand spoken English.

Part I

Directions: In questions 1-5, you will see a picture and hear four statements describing each picture. Choose the statement that best describes what you see in the picture. Then, mark the correct answer on your answer sheet. The statements will not be repeated, so you must listen carefully.

1
CD2-28

2
CD2-28

3
CD2-28

4
CD2-28

5
CD2-28

실전모의고사 1회

실전모의고사 2회

실전모의고사 3회

실전모의고사 4회

Part II

Directions: In questions 6-10, you will hear short conversations. Choose the most appropriate response to the last person's comment at the end of the conversation. Each conversation will not be repeated, so you must listen carefully.

6
CD2-30

① Yes, I am.
② Yes, I did.
③ No, I don't.
④ No, I haven't.

7
CD2-30

① I took an airplane.
② I visited four places.
③ I was there for two weeks.
④ I went there with my best friend.

8
CD2-30

① It was on Friday.
② I had a headache.
③ It is near my home.
④ It was over 12 o'clock.

9
CD2-30

① It's terrible.
② That is true.
③ Here you are.
④ That sounds great.

10
CD2-30

① Let's get off here.
② I will take that one.
③ Give me a discount.
④ I don't have 30 dollars.

CD2-31

Part III

Directions: In questions 11-24, you will hear some conversations. Choose the best response to each question and mark the correct answer on your answer sheet. The questions are printed out in your test booklet.

11
CD2-32

Where are the man and the woman now?

① At a drugstore
② At a shoe store
③ At a clothing store
④ At a cosmetic store

12
CD2-33

Why will the man go to Sydney?

① To travel
② To learn English
③ To visit his family
④ To attend a meeting

13
CD2-34

Where did the woman learn to cook?

① From her mom
② At a restaurant
③ From the recipe
④ At a cooking school

14
CD2-35

Why did the man call the woman?

① To book a train
② To find his wallet
③ To refund his ticket
④ To ask the departure time

15
CD2-36

How much should the woman pay?

① 15 dollars
② 20 dollars
③ 25 dollars
④ 30 dollars

16
CD2-37

How will the woman go to the shopping mall?

① By taxi
② By bus
③ On foot
④ By subway

17
CD2-38

What time will the man make his speech?

① At 10:00
② At 11:00
③ At 11:30
④ At 12:30

18
CD2-39

What did the man NOT put in his bag?

① Clothes
② A towel
③ A camera
④ A sleeping bag

19
CD2-40

What did the woman NOT order?

① A steak
② Kiwi juice
③ Mango juice
④ Mushroom soup

20
CD2-41

Why does the man like soccer?

① He likes scoring goals.
② It refreshes his mind.
③ He wants to lead the team to win.
④ He enjoys being with the club members.

21
CD2-42

What is the most likely relationship between the man and the woman?

① Son – Mother
② Student – Teacher
③ Employee – Employer
④ Customer – Sales clerk

22
CD2-43

Why does the woman NOT have her book now?

① She lost it.
② She left it at home.
③ She forgot to bring it.
④ She returned it to the bookstore.

23
CD2-44

Where will the man and the woman probably go?

① To Africa
② To the library
③ To the art gallery
④ To the woman's home

24
CD2-45

What should the woman do right after the conversation?

① Take a taxi
② Delay the meeting
③ Call another member
④ Go on a business trip

CD2-46

Part IV

Directions: In questions 25-30, you will hear some monologues. Choose the best response to each question and mark the correct answer on your answer sheet. The questions are printed out in your test booklet.

25
CD2-47

Who is the speaker most likely to be?

① A tourist　　　　　　② A bus driver

③ A tour guide　　　　 ④ A receptionist

26
CD2-48

What can NOT be known about Joanne Rowling?

① She is a single mom.　　　② She is still poor now.

③ She was in a depression.　 ④ She wrote a fantasy novel.

27
CD2-49

Which place is the speaker talking about?

① A concert hall　　　　② A movie theater

③ A sports stadium　　 ④ An amusement park

28
CD2-50

Why did the speaker call Steven?

① To ask questions　　　② To help his report

③ To invite him to dinner　④ To give some information

29
CD2-51

Which city will the airplane arrive at?

① New York　　　　② Las Vegas

③ Los Angeles　　 ④ San Francisco

30
CD2-52

What is NOT mentioned about what people cannot do during the play?

① Eating food　　　　② Taking pictures

③ Clapping hands　　 ④ Talking on the phone

Reading Part

In the Reading Test, you will read a variety of texts and answer several different types of reading comprehension questions.

Part V

Directions: In questions 1-5, you will have to find the grammatical error among the underlined words.

1~5

Choose the underlined one that is grammatically incorrect.

1   Mark <u>grow</u> <u>many</u> organic <u>vegetables</u> in the <u>front</u> yard.
        ①   ②   ③   ④

2   I expect you <u>for</u> send <u>me</u> an <u>e-mail</u> by <u>tomorrow</u>.
                ①   ② ③   ④

3   Joanna <u>successful</u> finished the <u>report</u> by <u>herself</u> <u>last</u> night.
                ①   ②   ③   ④

4   I <u>strongly</u> believe <u>that</u> my dreams <u>came</u> <u>true</u> in the future.
          ①   ②   ③   ④

5   Some beautiful <u>songs</u> will <u>be played</u> at the <u>concert</u> <u>on</u> September.
                ①   ②   ③   ④

Part VI

Directions: In questions 6-10, you will have to find the most appropriate one to complete the sentence.

6~10

Choose the one that best completes the sentence.

6 The magazine said that tigers in the world are now in _____.

① career   ② danger

③ interest   ④ condition

7 I am _____ about how the Moon moves around the Earth.

① shy   ② brave

③ bored   ④ curious

8 You should exercise _____ if you want to lose weight.

① finally   ② nearly

③ regularly   ④ surprisingly

9 Martin _____ his girlfriend to his family at the party.

① moved   ② traveled

③ believed   ④ introduced

10 I ran into Jason when I was _____ the trash.

① taking out   ② coming back

③ catching up with   ④ looking forward to

Directions: In questions 11-25, you will read a variety of reading materials such as advertisements, notices, newspaper articles, and letters. Choose the best answer for each question.

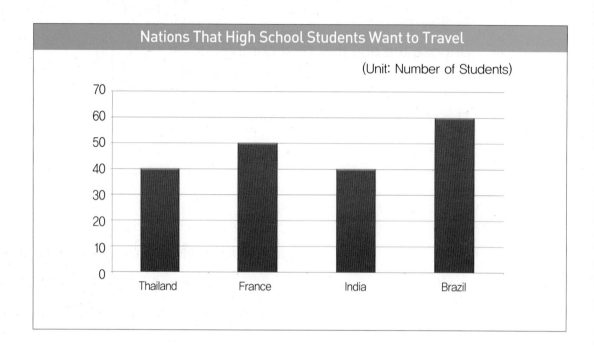

11 According to the graph, what is true?

① More students want to travel France than Brazil.

② More students want to travel Thailand than India.

③ Fewer students want to go to India than to France.

④ The lowest number of students wants to go to Brazil.

12 What can NOT be known from the invitation card?

① Who will host the party

② How long the party will last

③ Where the party will be held

④ What people should bring to the party

13 According to the coupon, how can you get a free ice cream?

① By visiting the store in August

② By buying one double size ice cream

③ By spending more than $10 at the store

④ By choosing one strawberry-flavored ice cream

14 Which of the following is NOT included in the tips?

① Working out during the day

② Avoiding eating a lot before bedtime

③ Listening to music before going to bed

④ Going to sleep at the same time every night

15 What can be known from the notice?

① Road 138 leads to the Molton Hall.

② There is one way to the Molton Hall.

③ People cannot use Road 138 just for today.

④ Road 138 is blocked because of heavy rain.

Scientists in Korea worked together to create something special. They tried to make Korea's first rocket. China and Japan have already sent their rockets into space. Korea also made a great effort, too. At first, there were some mistakes. Korean scientists failed to successfully launch the rocket. But they said they would fix the problem soon.

16 What is the best title for the passage?

① When Korea's First Rocket Will Fly

② Efforts to Build Korea's First Rocket

③ Some Problems with Korea's First Rocket

④ How China and Japan Made Their Rockets

There is a certain dress code for professors in universities. Professors must look smart and tidy. So, all of the professors need to wear formal clothes when they teach students in universities. It means they cannot wear casual clothes such as jeans or T-shirts. Female professors are not allowed to wear too much jewelry.

17 Which of the following can be known from the passage?

① Professors should wear tidy and formal clothes.

② Students in universities must wear formal clothes.

③ Professors can sometimes wear jeans and T-shirts.

④ Female professors in universities cannot wear any jewelry.

| To: | thompson@email.com | From: | lemontree@email.com |

Dear Thompson,

Hi, Thompson. I was thinking about joining a guitar class. Would you like to join me? I know you are interested in playing musical instruments. For me, this is the first time to try to learn how to play the guitar. I think we will have so much fun if we take lessons together. Please get back to me soon.

Best wishes,
Amber

Send

18 What is the purpose of the e-mail?

① To invite Thompson to a concert

② To get some advice from Thompson

③ To lend Thompson a musical instrument

④ To suggest taking guitar lessons together

The Sun sends out light to the Earth. One type of light is called ultraviolet(UV) rays. They are so powerful that they can harm your skin. People get sunburned easily while they are out under the sun because of these strong rays. Too much UV rays can even cause skin cancer. To prevent skin cancer, remember to wear sunscreen and take regular breaks from the sun.

19 According to the passage, how can you prevent skin cancer from UV rays?

① By applying sunscreen

② By staying inside all day

③ By using large umbrellas

④ By wearing a special cap

20~21

How do you feel when you look in the mirror? Do you feel good or bad? These days a lot of people say one's appearance is the most important. But looks cannot be everything. How you look is a small piece of the whole. There are other things that are more important than your appearance; your mind, thoughts, abilities and personalities. Keep in mind that nothing comes before what's inside.

20   What is the purpose of the passage?

① To ask for help

② To give some advice

③ To make a complaint

④ To advertise a new product

21   What is true according to the passage?

① You have to focus only on your ability.

② People don't care about others' looks.

③ People should pay more attention to their appearance.

④ What you have inside is more important than how you look.

22~23

Miranda's Diary
Sunday, August 28th

Today, I went hiking on Mt. Halla. At first, it was hard to hike the mountain. But as I went up. I could enjoy fresh air and wonderful scenery. When I reached the summit of the mountain, I took a lot of pictures. On the way down, I made a plan to go to Mt. Seorak next time. I had so much fun today.

22 How did Miranda feel about the hiking in the end?

① Tired

② Worried

③ Satisfied

④ Nervous

23 What can NOT be known about Miranda according to the diary?

① She could feel fresh air in Mt. Halla.

② She went to Mt. Halla for the first time.

③ She took a lot of photos at the top of Mt. Halla.

④ She planned to go hiking in Mt. Seorak next time.

24~25

A famous cartoon "The Simpsons" is popular in western countries. The main character, Homer Simpson is known for his junk food eating habit. The British government believes Homer has a great influence on people's eating habit. So, it is planning to start a health campaign with Homer. Homer Simpson will stop having chips and chocolate in the campaign. The government is hoping people will follow Homer's new healthy eating habit.

24 What is the main idea of the passage?

① The popularity of Homer Simpson in Britain

② Several ways to end your junk food eating habit

③ How junk food affects you negatively in everyday life

④ Homer Simpson's new campaign on healthy eating habit

25 Which of the following can be known about Homer Simpson?

① He is popular in many Asian countries.

② He can help change people's eating habit.

③ He was very interested in healthy eating habit.

④ He doesn't know how to stop eating junk food.

Writing Part

In the Writing Test, you will be asked to demonstrate how well you write in English.

Part VIII

Directions: In questions 1-5, you will be asked to fill in the blanks and to describe a picture. Write the best answer for each question.

1~3

Read the following passage and fill in each blank with one of the words given below.

> Many children want ____1____ have a pet, but their parents do not like having pets in their house. In fact, pets are good, and even helpful for children in some ways. First, pets can ____2____ best friends for children. Second, children can also learn how to ____3____ care of living things.

take, to, do, and, be, have

4

Read the following dialogue and fill in the blank with one complete sentence by putting the given words in the correct order.

A: Is David sleeping in his room?

B: No, he isn't. He is in the living room.

A: _____?

B: He is watching television.

he, now, what, is, doing

5

Describe the picture with one complete sentence by putting the given words in the correct order.

man, kicking, the, soccer, a, is, ball

THE END

TOPEL Intermediate

Level **3**

LEVEL Test
ONELSA
National Evaluation of Language skill Association

TOPEL Intermediate 답안지

유의사항

1. 답란을 포함한 모든 표기사항은 반드시 컴퓨터용 연필을 사용해야 합니다.
2. 표기가 잘못되었을 경우는 지우개로 깨끗이 지운 후 다시 칠하십시오.
3. 모든 표기요령은 아래와 같이 원 안을 까맣게 칠해야 합니다.
   〈보기〉 ● ○ ◑ ⊘ × ×
4. 응시자의 답안지 기재 오류로 인한 불이익은 책임지지 않습니다.

감독위원 확인란

응시번호	유형	감독위원확인
		(인)

Writing Test

1	0 1 2 3
2	0 1 2 3
3	0 1 2 3
4	0 1 2 3
5	0 1 2 3

Reading Comprehension

1	① ② ③ ④
2	① ② ③ ④
3	① ② ③ ④
4	① ② ③ ④
5	① ② ③ ④
6	① ② ③ ④
7	① ② ③ ④
8	① ② ③ ④
9	① ② ③ ④
10	① ② ③ ④
11	① ② ③ ④
12	① ② ③ ④
13	① ② ③ ④
14	① ② ③ ④
15	① ② ③ ④
16	① ② ③ ④
17	① ② ③ ④
18	① ② ③ ④
19	① ② ③ ④
20	① ② ③ ④
21	① ② ③ ④
22	① ② ③ ④
23	① ② ③ ④
24	① ② ③ ④
25	① ② ③ ④
26	① ② ③ ④
27	① ② ③ ④
28	① ② ③ ④
29	① ② ③ ④
30	① ② ③ ④
31	① ② ③ ④
32	① ② ③ ④
33	① ② ③ ④
34	① ② ③ ④
35	① ② ③ ④

Listening Comprehension

1	① ② ③ ④
2	① ② ③ ④
3	① ② ③ ④
4	① ② ③ ④
5	① ② ③ ④
6	① ② ③ ④
7	① ② ③ ④
8	① ② ③ ④
9	① ② ③ ④
10	① ② ③ ④
11	① ② ③ ④
12	① ② ③ ④
13	① ② ③ ④
14	① ② ③ ④
15	① ② ③ ④
16	① ② ③ ④
17	① ② ③ ④
18	① ② ③ ④
19	① ② ③ ④
20	① ② ③ ④
21	① ② ③ ④
22	① ② ③ ④
23	① ② ③ ④
24	① ② ③ ④
25	① ② ③ ④
26	① ② ③ ④
27	① ② ③ ④
28	① ② ③ ④
29	① ② ③ ④
30	① ② ③ ④

성명

과제번호
실전모의고사 1

본인확인
본인의 이름을 자필로 쓰시오.

응시번호
1 0 0 1 5

유형
A B

평정코드
1 1

지역코드
1 2

주민등록번호
5 7 0 0 7 3 3 3 3 3 3 3

TOPEL Intermediate 답안지

LEVEL Test

NELSA
National Evaluation of Language skill Association

감독위원 확인란

응시번호	유형	감독위원확인
		감독위원확인 ㉑

유의사항

1. 답란을 포함한 모든 표기사항은 반드시 컴퓨터용 연필을 사용해야 합니다.
2. 표기가 잘못되었을 경우는 지우개로 깨끗이 지운 후 다시 칠하십시오.
3. 모든 표기요령은 아래와 같이 원을 까맣게 칠해야 합니다.
   〈보기〉 ● ○ ⊗ ⊘ ×
4. 응시자의 답안지 기재 오류로 인한 불이익은 책임지지 않습니다.

Writing Test

1	0 1 2 3
2	0 1 2 3
3	0 1 2 3
4	0 1 2 3
5	0 1 2 3

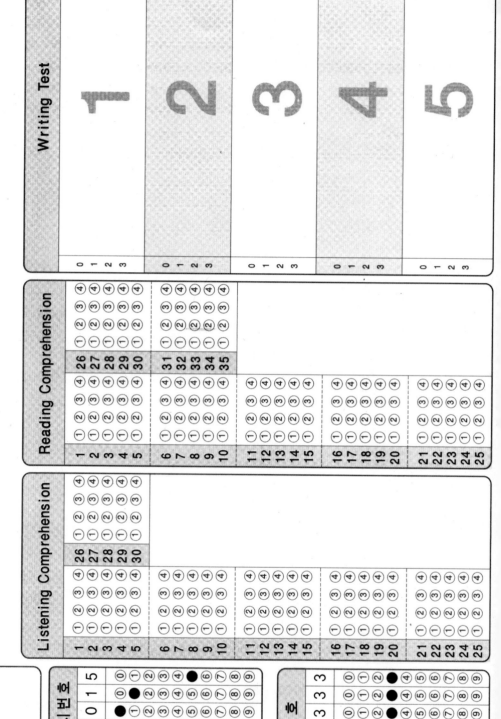

Listening Comprehension

Reading Comprehension

성명

과제번호: 실전모의고사 2

본인확인: 본인의 이름을 자필로 쓰시오.

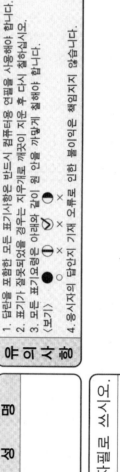

NELSA
National Evaluation of Language skill Association

LEVEL Test

TOPEL Intermediate 답안지

유의사항

1. 답란을 포함한 모든 표기사항은 반드시 컴퓨터용 연필을 사용해야 합니다.
2. 표기가 잘못되었을 경우는 지우개로 깨끗이 지운 후 다시 칠하십시오.
3. 모든 표기요령은 아래와 같이 원 안을 까맣게 칠해야 합니다.
   〈보기〉 ● ◐ ○ ⊘ × ×
4. 응시자의 답안지 기재 오류로 인한 불이익은 책임지지 않습니다.

성명

과제번호

실전모의고사 3

본인확인

본인의 이름을 자필로 쓰시오.

응시번호

유형 A B

검정코드

지역코드

Writing Test

1 — 0 1 2 3
2 — 0 1 2 3
3 — 0 1 2 3
4 — 0 1 2 3
5 — 0 1 2 3

Listening Comprehension

1	1 2 3 4
2	1 2 3 4
3	1 2 3 4
4	1 2 3 4
5	1 2 3 4
6	1 2 3 4
7	1 2 3 4
8	1 2 3 4
9	1 2 3 4
10	1 2 3 4
11	1 2 3 4
12	1 2 3 4
13	1 2 3 4
14	1 2 3 4
15	1 2 3 4
16	1 2 3 4
17	1 2 3 4
18	1 2 3 4
19	1 2 3 4
20	1 2 3 4
21	1 2 3 4
22	1 2 3 4
23	1 2 3 4
24	1 2 3 4
25	1 2 3 4
26	1 2 3 4
27	1 2 3 4
28	1 2 3 4
29	1 2 3 4
30	1 2 3 4

Reading Comprehension

1	1 2 3 4
2	1 2 3 4
3	1 2 3 4
4	1 2 3 4
5	1 2 3 4
6	1 2 3 4
7	1 2 3 4
8	1 2 3 4
9	1 2 3 4
10	1 2 3 4
11	1 2 3 4
12	1 2 3 4
13	1 2 3 4
14	1 2 3 4
15	1 2 3 4
16	1 2 3 4
17	1 2 3 4
18	1 2 3 4
19	1 2 3 4
20	1 2 3 4
21	1 2 3 4
22	1 2 3 4
23	1 2 3 4
24	1 2 3 4
25	1 2 3 4
26	1 2 3 4
27	1 2 3 4
28	1 2 3 4
29	1 2 3 4
30	1 2 3 4
31	1 2 3 4
32	1 2 3 4
33	1 2 3 4
34	1 2 3 4
35	1 2 3 4

TOPEL Intermediate 답안지

NELSA
National Evaluation of Language skill
Association

LEVEL Test

유의사항

1. 답란을 포함한 모든 표기사항은 반드시 컴퓨터용 연필을 사용해야 합니다.
2. 표기가 잘못되었을 경우는 지우개로 깨끗이 지운 후 다시 칠하십시오.
3. 모든 표기요령은 아래와 같이 원 안을 까맣게 칠해야 합니다.

〈보기〉 ● ○ × ⊗ ◐

4. 응시자의 답안지 기재 오류로 인한 불이익은 책임지지 않습니다.

Writing Test

1	0 1 2 3
2	0 1 2 3
3	0 1 2 3
4	0 1 2 3
5	0 1 2 3

Listening Comprehension

1	6	11	16	21	26
2	7	12	17	22	27
3	8	13	18	23	28
4	9	14	19	24	29
5	10	15	20	25	30

Reading Comprehension

1	6	11	16	21	26
2	7	12	17	22	27
3	8	13	18	23	28
4	9	14	19	24	29
5	10	15	20	25	30
					31
					32
					33
					34
					35

성 명

과제 번호

실전모의고사 4

본인확인

본인의 이름을 자필로 쓰시오.

응시번호

1 0 0 1 5

유형

A
B

평정코드

1 1

지역코드

1 2

주민 등록 번호

5 7 0 0 7 3 3 3 3 3 3

TOPEL Intermediate
LEVEL UP

정답 및 해설
Answers &
Explanations

3

TOPEL Intermediate 3급

정답 및 해설

유형 분석 & 연습문제 0

Section 1 Listening Part

Listening Type 01

Sample
본문 14쪽

Script

① The boy and the girl are reading books.
② The boy and the girl are shaking hands.
③ The boy and the girl are looking at each other.
④ The boy and the girl are cleaning the bookcase.

① 소년과 소녀는 책을 읽고 있다.
② 소년과 소녀는 악수를 하고 있다.
③ 소년과 소녀는 서로를 바라보고 있다.
④ 소년과 소녀는 책장을 청소하고 있다.

소년과 소녀는 책을 읽고 있으므로 정답은 ①번입니다.

• shake hands   악수를 하다
• look at   ~을 바라보다
• each other   서로
• clean   ~을 청소하다
• bookcase   책장, 서가

 정답 ①

Practice
본문 16~17쪽

1 Script

① The woman is holding a pen.
② The woman is cleaning the desk.
③ The woman is writing on the board.
④ The woman is reading a newspaper.

① 여자는 펜을 들고 있다.
② 여자는 책상을 청소하고 있다.
③ 여자는 칠판에 쓰고 있다.
④ 여자는 신문을 읽고 있다.

여자는 앉아 펜을 들고 있으므로 정답은 ①번입니다.

• hold   들다
• board   칠판, 보드
• newspaper   신문

 정답 ①

2 Script

① The man is jogging with the girl.
② The girl is riding a bicycle outside.
③ The man and the girl are painting the fence.
④ The man and the girl are looking at each other.

① 남자는 소녀와 조깅을 하고 있다.
② 소녀는 밖에서 자전거를 타고 있다.
③ 남자와 소녀는 담장을 칠하고 있다.
④ 남자와 소녀는 서로를 바라보고 있다.

남자와 소녀는 집 밖에서 자전거를 타고 있으므로 정답은 ②번입니다.

• jog   조깅을 하다
• ride a bike   자전거를 타다
• outside   외부에, 밖에
• paint   칠을 하다
• fence   담장

정답 ②

3 Script

① The drawers are open.
② The monitor is turned on.
③ There is nothing on the desk.
④ There is a telephone on the wall.

① 서랍들은 열려 있다.
② 모니터는 켜져 있다.
③ 책상 위에는 아무 것도 없다.
④ 벽에는 전화기가 있다.

책상의 서랍은 닫혀 있고, 책상 위에는 컴퓨터와 키보드, 패드, 전화기 등이 있습니다. 컴퓨터 모니터가 켜져 있으므로, 사진을 정확히 묘사한 것은 ②번입니다.

• drawer   서랍
• open   열린
• monitor   모니터
• turn on   켜다 (↔ turn off 끄다)
• nothing   아무것도
• wall   벽

정답 ②

4 Script

① All the girls are wearing boots.
② All the girls are eating at a table.
③ All the girls have their own plate.
④ All the girls are looking up at the sky.

① 모든 소녀들은 부츠를 신고 있다.
② 모든 소녀들은 테이블에서 먹고 있다.
③ 모든 소녀들은 자신의 접시를 가지고 있다.
④ 모든 소녀들은 하늘을 올려다보고 있다.

세 명의 소녀가 각자의 접시를 들고 음식을 먹고 있으므로 정답은 ③번입니다.

• wear   ~을 입다, 신다

- boots 부츠 (복수로 씀)
- plate 접시
- look up ~을 올려다보다
- sky 하늘

 정답 ③

5 Script

① Two men are moving the chairs.
② All the people are reading their books.
③ All the people are standing side by side.
④ One of the women is reaching for the monitor.

① 두 명의 남자는 의자를 옮기고 있다.
② 모든 사람들이 자신들의 책을 읽고 있다.
③ 모든 사람들이 나란히 서 있다.
④ 여자들 중 한 명은 모니터에 손을 뻗고 있다.

두 명의 남자와 두 명의 여자가 모두 각자의 책을 읽고 있으므로 ②번이 정답입니다.

- move ~을 옮기다; 이동하다
- stand 서다
- side by side 나란히
- reach for ~을 향해 손을 뻗다

정답 ②

6 Script

① All the people are sitting in a row.
② All the people are looking at the monitor.
③ One person is touching the air conditioner.
④ One person is taking a picture with a camera.

① 모든 사람들이 일렬로 앉아 있다.
② 모든 사람들이 모니터를 보고 있다.
③ 한 사람은 에어컨을 만지고 있다.
④ 한 사람은 카메라로 사진을 찍고 있다.

네 명의 사람이 모두 하나의 모니터를 보고 있으므로 ②번이 정답입니다.

- in a row 일렬로, 잇달아
- touch ~을 만지다
- air conditioner 에어컨
- take a picture 사진을 찍다

정답 ②

Listening Type 02

Sample
본문 18쪽

Script

M: I heard that your sister studies in the U.S.
W: That's right. She goes to a high school there.
M: How often do you meet her?
W: Four times a year.

남자: 나는 네 언니가 미국에서 공부한다고 들었어.
여자: 맞아. 그녀는 거기서 고등학교를 다녀.
남자: 얼마나 자주 그녀를 만나니?
여자: 일 년에 네 번.

① 네 살이야.
② 네 시간 전에.
③ 4개월 후에.
④ 일 년에 네 번.

바로 앞 질문이 얼마나 자주 만나는지를 묻고 있으므로 만나는 횟수로 답해야 하므로 정답은 ④번입니다.

- study 공부하다
- How often ~? 얼마나 자주 ~?
- ago ~ 전에
- later ~ 후에
- ~ times ~번

 정답 ④

Practice
본문 20~21쪽

1 Script

W: I'm going scuba diving this weekend.
M: I've scuba dived before.
W: Really? Are you interested in it, too?
M: Yes, I am.

여자: 나는 이번 주말에 스쿠버 다이빙을 갈 거야.
남자: 난 전에 스쿠버 다이빙을 해 봤어.
여자: 정말? 너도 거기에 관심이 있니?
남자: 응, 그래.

① 응, 그래.
② 아니, 할 수 없어.
③ 아니, 넌 그렇지 않아.
④ 응, 넌 해야 해.

여자가 남자도 스쿠버 다이빙에 관심이 있는지를 be동사인 Are ~?로 물었으므로, 긍정이면 Yes, I am. 부정이면 No, I'm not.으로 답해야 하므로 정답은 ①번입니다.

- I'm going ~. 나는 ~에 가려고 한다. (가까운 미래는 현재진행형으로 표현)
- this weekend 이번 주말
- be interested in ~에 관심이 있다

  정답 ①

2 Script

M: Hey, Reese. Are you busy now?
W: No, I'm not. Why?
M: Can you teach me how to solve this math problem?
W: That's no problem.

남자: 안녕, Reese. 지금 바쁘니?
여자: 아니, 그렇지 않아. 왜?
남자: 이 수학 문제를 어떻게 풀어야 하는지 가르쳐 줄 수 있니?
여자: 문제없어.

① 너는 아주 바빠 보여.
② 문제없어.
③ 그것은 내 수학 교과서야.
④ 우리 수학 선생님은 친절하셔.

상대방이 수학 문제 푸는 것을 가르쳐 달라고 부탁하고 있습니다. 상대방의
부탁에 긍정적으로 답할 때는 Of course.나 (That's) No problem. 등으로
답할 수 있으므로 ②번이 정답입니다.

• busy   바쁜
• Can you ~?   ~해 줄 수 있니? (부탁의 표현)
• how to   ~하는 방법
• solve   ~을 해결하다, 풀다
• kind   친절한

정답 ②

3 Script

M: Do you like music?
W: Sure. I love listening to music.
M: What kind of music do you like?
W: I like jazz and classical music.

남자: 너는 음악을 좋아하니?
여자: 물론. 나는 음악 듣는 걸 좋아해.
남자: 어떤 종류의 음악을 좋아하니?
여자: 나는 재즈와 클래식 음악을 좋아해.

① 나는 가수가 되고 싶어.
② 나는 음악시간이 좋아.
③ 내 MP3 플레이어가 고장 났어.
④ 나는 재즈와 클래식 음악을 좋아해.

어떤 종류의 음악을 좋아하는지를 묻고 있으므로, 음악의 종류로 답해야 합
니다. 그러므로 ④번이 정답입니다.

• love -ing   ~하는 것을 좋아하다
• listen to   ~을 듣다
• kind   종류
• be broken   고장 나다 (break-broke-broken)

정답 ④

4 Script

W: Look at the clouds. They are so beautiful.
M: You're right. I haven't been able to see such beautiful skies
lately.
W: We should take some pictures.
M: I'll get the camera.

여자: 구름을 봐. 너무 아름답다.
남자: 네 말이 맞아. 최근에 저렇게 아름다운 하늘을 볼 수 있었던 적이
없었어.
여자: 우리 사진을 좀 찍어야 해.
남자: 내가 카메라를 가져올게.

① 내가 카메라를 가져올게.
② 비행기를 봐.
③ 누가 사진을 찍었니?
④ 저 구름은 호랑이처럼 보인다.

구름으로 인해 아름다운 하늘을 바라보며, 사진을 찍어야 한다고 했으므로
이어지는 응답은 카메라를 가져오겠다는 ①번이 정답입니다.

• cloud   구름
• haven't been able to   ~할 수 있었던 적이 없었다 (과거의 경험을 나타내
는 현재완료)
• be able to   ~할 수 있다 (=can)
• such   그렇게
• lately   최근에
• airplane   비행기 (=plane)
• look like   ~처럼 보이다

정답 ①

5 Script

W: Do you want to go for lunch now?
M: I'm not so hungry right now. I ate a late breakfast.
W: When did you have breakfast?
M: At around 10 o'clock.

여자: 지금 점심 먹으러 가고 싶니?
남자: 지금 당장은 그렇게 배고프지 않아. 아침을 늦게 먹었거든.
여자: 언제 아침을 먹었니?
남자: 10시쯤에.

① 일주일 동안.
② 내 여동생과 함께.
③ 10시쯤에.
④ 멋진 식당에서.

언제 아침을 먹었는지를 묻고 있으므로 아침을 먹은 시간으로 답해야 하므로
③번이 정답입니다.

• lunch   점심
• right now   지금 당장
• late   늦게; 늦은
• around   약, ~쯤
• fancy   멋진, 근사한
• restaurant   식당

정답 ③

6 Script

M: I can't go to your party, Kate.
W: Why not? Are you busy today?
M: No. I have a bad cold.
W: Sorry to hear that.

남자: 네 파티에 갈 수 없어, Kate.
여자: 왜 안 돼? 오늘 바쁘니?
남자: 아니. 난 심한 감기에 걸렸어.
여자: 그 말을 들으니 유감이구나.

① 밖은 춥다.
② 오랜만이야.
③ 그 말을 들으니 유감이구나.
④ 파티는 재미있었어.

왜 파티에 올 수 없는지를 물었을 때, 심한 감기에 걸렸다고 답했습니다. 상대방을 위로하는 표현으로는 (I'm) Sorry to hear that.이라고 표현하는 것이 자연스러우므로 ④번이 정답입니다.

• Why not? 왜 안 돼?
• have a cold 감기에 걸리다 (=catch a cold)
• bad 심한, 나쁜

정답 ③

7 Script

W: I need a bandage. Do you know where I can buy some?
M: You can buy bandages at a pharmacy.
W: Where can I find a pharmacy?
M: There's one on the corner.

여자: 나는 붕대가 필요해. 어디서 좀 살 수 있는지 알고 있니?
남자: 약국에서 붕대를 살 수 있어.
여자: 약국은 어디서 찾을 수 있어?
남자: 모퉁이에 하나 있어.

① 모퉁이에 하나 있어.
② 붕대는 사용하기 쉽다.
③ 너는 의사에게 가봐야 해.
④ 나는 약을 좀 사야 해.

약국이 어디 있는지를 묻고 있으므로, 약국의 위치를 말해야 하므로 ①번이 정답입니다.

• bandage 붕대
• pharmacy 약국
• on the corner 모퉁이에
• go see a doctor 의사에게 가다, 병원에 가다
• medicine 약

정답 ①

8 Script

W: Do you know a good English dictionary?
M: Yeah, I know several good ones.
W: Would you give me their names?
M: I'll write them down for you.

여자: 좋은 영어 사전을 알고 있니?
남자: 응, 몇 개 좋은 것들을 알고 있어.
여자: 그것들 이름 좀 줄래?
남자: 널 위해 그것들을 적어 줄게.

① 그 책은 아주 재미있어.
② 널 위해 그것들을 적어 줄게.
③ 나는 영어를 아주 잘 말할 수 있어.
④ 나는 영국으로 여행을 가려고 해.

좋은 영어 사전들의 이름을 알려 달라고 부탁했으므로, 그 이름들을 적어 주겠다는 ②번이 정답입니다.

• dictionary 사전
• several 여러 개의, 몇 개의
• Would you ~? ~해 줄래요?, ~해 주시겠습니까? (Will you ~?보다는 공손한 부탁의 표현)
• write down ~을 적다
• go on a trip 여행을 가다

정답 ②

Listening Type 03

Sample
본문 22쪽

Script

M: Hi, Jennifer. Where are you going?
W: To the library. I have to return these books.
M: I see. I need to borrow some books. Let's go together.
W: Okay.

남자: 안녕, Jennifer. 어디 가고 있니?
여자: 도서관에. 이 책들을 돌려줘야 해.
남자: 그렇구나. 나는 책 몇 권을 빌리려고 해. 함께 가자.
여자: 좋아.

Q. 남자가 도서관에 가는 이유는 무엇인가?
① 공부하려고
② 친구들을 만나려고
③ 책을 돌려주려고
④ 책을 빌리려고

여자는 책을 돌려주러 가고 있고, 남자는 책을 빌리러 가고 있으므로 ④번이 정답입니다.

• library 도서관
• return ~을 돌려주다
• borrow ~을 빌리다 (↔ lend 빌려주다)

정답 ④

Practice

본문 24~25쪽

1 Script

M: Excuse me. Is there a bus to Central Plaza?
W: No, but you can take the subway.
M: That's good. Where is the subway station?
W: Turn right at the corner and you'll see it.

남자: 실례합니다. 센트럴 플라자로 가는 버스가 있나요?
여자: 아뇨, 그렇지만 지하철을 타면 돼요.
남자: 좋네요. 지하철역은 어디에 있죠?
여자: 모퉁이에서 오른쪽으로 돌면 찾을 수 있어요.

Q. 남자는 센트럴 플라자로 어떻게 갈 것인가?
① 택시로　　　　　　　　② 버스로
③ 걸어서　　　　　　　　④ 지하철로

남자는 버스에 대해 물어봤지만, 버스는 없고, 지하철을 탈 수 있다고 했습니다. 남자가 좋다며 지하철역을 묻고 있으므로 남자는 지하철을 탈 것입니다. 그러므로 정답은 ④번입니다.

• central　중앙의, 중심이 되는
• plaza　광장
• take the subway　지하철을 타다
• station　역
• at the corner　모퉁이에서

정답 ④

2 Script

W: What do you want to be in the future?
M: I've always wanted to become a teacher.
W: I think you'll be a great teacher.
M: Really? What makes you think so?

여자: 너는 미래에 무엇이 되고 싶니?
남자: 나는 항상 선생님이 되고 싶었어.
여자: 내 생각엔 너는 훌륭한 선생님이 될 거야.
남자: 정말? 왜 그렇게 생각해?

Q. 화자들은 주로 무엇에 대해 이야기하고 있는가?
① 그들의 선생님
② 그들의 학급 친구들
③ 남자의 미래의 꿈
④ 여자의 악몽

남자는 미래에 선생님이 되고 싶다고 하자, 여자는 남자가 좋은 선생님이 될 것이라는 자신의 생각을 말하고 있습니다. 두 사람은 남자의 장래 희망에 대해 이야기하고 있으므로 ③번이 정답입니다.

• in the future　미래에
• What makes you think so?　왜 그렇게 생각하니? (상대방에게 이유를 묻는 표현)
• classmate　학급 친구
• nightmare　악몽

정답 ③

3 Script

M: Your family will move to a new house this weekend, right?
W: Yes. We will move the furniture, then clean and decorate the house over the weekend.
M: When are you going to paint the walls?
W: We already did that last weekend.

남자: 너의 가족이 이번 주말 새로운 집으로 이사를 간다는데, 맞아?
여자: 응. 가구들을 옮기고, 그 다음에 주말 동안 청소를 하고 집을 꾸밀 거야.
남자: 벽들은 언제 페인트칠을 할 거니?
여자: 우리는 지난주에 이미 했어.

Q. 여자가 이번 주말 동안 할 일이 아닌 것은 무엇인가?
① 벽을 칠하기　　　　　　② 집을 청소하기
③ 가구를 옮기기　　　　　④ 집을 꾸미기

가구를 옮기고, 집을 청소하고 꾸미는 것은 이번 주말에 하지만, 벽의 페인트칠은 이미 지난주에 했다고 했으므로 정답은 ①번입니다.

• furniture　가구
• decorate　~을 장식하다, 꾸미다
• over the weekend　주말 동안에
• paint　페인트를 칠하다; 페인트
• wall　벽
• last　지난

정답 ①

4 Script

W: What time shall we meet for the concert?
M: Let's meet at 6:30.
W: Why don't we meet 30 minutes earlier? There will be a lot of traffic on the way.
M: You're right. Then we will have one hour before the concert begins.

여자: 콘서트 가기 위해 우리 몇 시에 만날까?
남자: 6시 30분에 만나자.
여자: 30분 더 일찍 만나는 거 어때? 가는 길에 교통이 많이 막힐 거야.
남자: 네 말이 맞아. 그러면 콘서트가 시작하기 전까지 한 시간이 남을 거야.

Q. 남자와 여자는 언제 만날 것인가?
① 6시에　　　　　　　　② 6시 반에
③ 7시에　　　　　　　　④ 7시 반에

처음에 6시 30분에 만나자는 남자의 말에 여자는 교통이 막힐 것이므로 30분 더 일찍 보자고 합니다. 남자가 이에 동의하므로 이들은 6시에 만날 것입니다. 그러므로 ①번이 정답입니다.

• What time shall we meet?　우리 몇 시에 만날까? (약속을 하는 표현)
• earlier　더 일찍 (early의 비교급)
• a lot of　많은
• traffic　교통량
• on the way　가는[오는] 길에

정답 ①

5 ▷ Script

W: I was very busy last weekend. In the morning, I cleaned the house and washed my dog.
M: Washing the dog is not easy, is it?
W: No, it isn't. Then I bought some fish and cooked for my parents.
M: Wow, you really had a busy day.

여자: 나는 지난 주말에 매우 바빴어. 아침에는 집을 청소하고 개를 목욕시켰어.
남자: 개를 씻기는 것은 쉽지 않지, 그렇지?
여자: 응, 쉽지 않아. 그리고 나서 나는 생선 몇 마리를 사서 우리 부모님을 위해 요리를 했어.
남자: 와, 정말 바쁜 하루였구나.

Q. 여자가 지난 주말에 한 일이 아닌 것은 무엇인가?
① 낚시를 가기　　　　　　② 음식을 요리하기
③ 개를 씻기기　　　　　　④ 집을 청소하기

집을 청소하고 개를 씻기고, 생선을 사서 부모님께 요리를 해 드렸다는 말은 있지만 낚시를 갔다는 말은 없으므로 ①번이 정답입니다.

• wash the dog　개를 씻기다
• easy　쉬운
• fish　생선
• cook　요리하다
• go -ing　~하러 가다

정답 ①

6 ▷ Script

W: I have this 50% discount coupon. On which items can I use it?
M: It can be used on the shirts on this side.
W: Okay. Hmm... I'll take this shirt. How much should I pay then?
M: 20 dollars, please.

여자: 저는 여기 50% 할인 쿠폰을 가지고 있어요. 어떤 품목에 이것을 사용할 수 있나요?
남자: 그것은 이쪽에 있는 셔츠들에 사용할 수 있습니다.
여자: 네. 음… 이 셔츠로 할게요. 그러면 얼마를 내면 되죠?
남자: 20달러입니다.

Q. 셔츠의 원래 가격은 얼마인가?
① 20달러　　　　　　　② 40달러
③ 50달러　　　　　　　④ 70달러

50% 할인 쿠폰을 써서 20달러에 셔츠를 샀으므로 원래 가격은 40달러라는 것을 알 수 있습니다. 그러므로 정답은 ②번입니다.

• discount　할인
• coupon　쿠폰
• item　아이템, 품목
• side　쪽, 측
• pay　~을 지불하다

정답 ②

7 ▷ Script

W: Would you like to go see a movie?
M: Yes, but it's Saturday today. All the seats might have been sold out.
W: That's a good point. Let's check if there's any seat left on the Internet.
M: Okay. Use my computer here.

여자: 영화 보러 가고 싶니?
남자: 응, 그런데 오늘 토요일이잖아. 모든 좌석이 매진이 되었을지도 몰라.
여자: 좋은 지적이야. 인터넷으로 좌석이 남아 있는지 확인해 보자.
남자: 좋아. 여기 내 컴퓨터를 이용해.

Q. 여자는 대화 후에 바로 무엇을 할 것인가?
① 영화를 보기
② 영화를 다운받기
③ 컴퓨터 게임을 하기
④ 영화 표를 확인하기

영화를 보려고 하는데, 토요일이므로 좌석이 매진되었을지 모른다는 말에 여자는 인터넷으로 확인해 보자고 했습니다. 남자가 자신의 컴퓨터를 사용하라고 했으므로, 여자는 그 컴퓨터로 영화 좌석이 남았는지 확인할 것이므로 정답은 ④번입니다.

• go see a movie　영화를 보러 가다
• seat　좌석
• might have been(과거분사)　~이었을지도 모른다 (과거에 대한 막연한 추측을 나타냄)
• be sold out　매진되다
• That's a good point.　좋은 지적이다.
• check　~을 확인하다
• left　남겨진 (leave의 과거분사형)

정답 ④

8 ▷ Script

M: Why didn't you answer my call yesterday? Were you studying?
W: No. My cell phone got broken. So, I left it at the service center a few days ago.
M: Oh, that's too bad. What happened?
W: I dropped it in the water when I went to the beach.

남자: 왜 어제 내 전화 안 받았니? 공부 중이었어?
여자: 아니. 내 휴대전화기가 고장 났어. 그래서 며칠 전에 서비스 센터에 맡겼어.
남자: 아, 안 됐다. 무슨 일이 있었어?
여자: 바닷가에 갔을 때 그것을 물에 떨어뜨렸어.

Q. 왜 여자는 남자의 전화를 받지 못했는가?
① 그녀는 공부 중이었다.
② 그녀는 바닷가에서 수영하고 있었다.
③ 그녀는 전화기가 울리는 것을 듣지 못했다.
④ 그녀는 자신의 전화기를 가지고 있지 않았다.

여자는 바닷가에 전화기를 떨어뜨려 고장이 나서 서비스 센터에 맡겼다고 했으므로 지금 전화기기 없는 상태입니다. 그러므로 정답은 ④번입니다.

• get broken　고장나다

7

• leave 맡기다, 남기다
• a few 얼마, 일부 (셀 수 있는 명사 앞에 쓰여 소수의 수량을 나타냄)
• drop 떨어뜨리다
• beach 해변, 바닷가

정답 ④

Listening Type 04

Sample
본문 26쪽

Script

(Beep)
(W) Hi, Colin, it's Ruth. I got your message. I can definitely go to your place tomorrow. But I can't bring my board games because my brother took them on his trip. I'll think of something we can do together other than board games. See you tomorrow.

(삐~)
안녕, Colin, 나 Ruth야. 네 메시지를 받았어. 내일 너네 집에 틀림없이 갈 수 있어. 그런데 우리 형이 여행가면서 내 보드 게임들을 가져가서 그것들을 가지고 갈 수는 없어. 보드 게임 대신에 함께 할 수 있는 것을 생각해 볼게. 내일 보자.

Q. Ruth가 Colin에게 메시지를 남긴 이유는 무엇인가?
① 그를 초대하려고
② 그에게 부탁하려고
③ 그에게 미안하다고 말하려고
④ 그의 메시지에 응답하려고

앞부분에 '네 메시지를 받았어'라는 말이 나오고, 너의 집에 갈 수 있다는 내용과 함께 할 수 있는 놀이에 대해 생각해 보겠다는 등의 내용이 나오는 것으로 보아, Colin의 메시지에 대한 응답으로 볼 수 있으므로 정답은 ④번입니다.

• definitely 분명히, 확실히
• bring 가져오다
• trip 여행
• together 함께
• other than ~ 외에
• ask ~ a favor ~에게 부탁을 하다

정답 ④

Practice
본문 28~29쪽

 Script

(W) Good morning, customers. We're having a special early bird sale for only two hours from 9 to 11 this morning. All the vegetables and fruits will be marked down by 10% during this time. Don't miss this great chance.

고객님, 안녕하세요. 오늘 아침 9시부터 11시까지 2시간 동안만 이른 아침 특별 할인 판매를 진행합니다. 모든 채소와 과일들은 이 시간 동안 10%까지 가격이 인하됩니다. 이 굉장한 기회를 놓치지 마세요.

Q. 할인 판매는 언제 시작되는가?
① 오전 9시에   ② 오전 10시에
③ 오전 11시에   ④ 오후 12시에

할인 판매는 오전 9시부터 11시까지 진행된다고 했으므로 ①번이 정답입니다.

• special 특별한
• early bird 이른 아침의, 일찍 오는 사람을 위한
• sale 할인 판매
• vegetable 채소
• mark down ~의 가격을 인하하다
• by ~까지
• miss 놓치다
• chance 기회

정답 ①

2 Script

(W) Hi, my name is Janice. I'm from England. It's my first time to visit Italy. I'm looking for a friend who can teach me Italian. I can teach English in return. I hope we could be good friends and we can improve our foreign language skills together. Please call me at 548-9658. Thank you.

안녕, 내 이름은 Janice야. 나는 영국에서 왔어. 이탈리아를 방문하는 것은 처음이야. 나는 내게 이탈리아어를 가르쳐 줄 수 있는 친구를 찾고 있어. 대신 나는 영어를 가르쳐 줄 수 있어. 우리가 좋은 친구가 될 수 있고, 외국어 능력도 함께 향상시킬 수 있기를 바라. 548-9658번으로 내게 전화 부탁해. 고마워.

Q. 화자가 배우고 싶어 하는 언어는 무엇인가?
① 이탈리아어   ② 프랑스어
③ 한국어   ④ 영어

이탈리아에 처음 온 Janice가 이탈리아어를 가르쳐 줄 수 있는 친구를 찾고 있는 내용입니다. 그러므로 화자가 배우고 싶어 하는 언어는 이탈리아어이므로 ①번이 정답입니다.

• look for ~을 찾다
• in return 대신에, 보답으로
• improve 향상시키다
• foreign 외국의
• language 언어
• skill 능력, 기술

정답 ①

3 Script

(W) Are you interested in drama and English? Come and join our E.N.G Drama Club. We meet every Tuesday and Friday after school in Room 302. We watch popular English dramas together and study useful expressions. If you want to join, please sign up in the student center by this Thursday!

드라마와 영어에 관심이 있나요? 우리 ENG 드라마 동아리에 오셔서 참여하세요. 우리는 방과 후 매주 화요일, 금요일에 302호에서 모입니다. 우리는 인기 있는 영어 드라마를 함께 보고, 유용한 표현들을 공부합니다. 참여하고 싶으시면 이번 주 목요일까지 학생 센터에서 등록해 주세요!

Q. 동아리 회원들은 얼마나 자주 만나는가?
① 일주일에 한 번   ② 일주일에 두 번
③ 일주일에 세 번   ④ 매일

매주 화요일, 금요일에 모인다고 했으므로 일주일에 두 번 모입니다. 그러므로 ②번이 정답입니다.

- be interested in ~에 관심이 있다
- join 참여하다
- after school 방과 후에
- popular 인기 있는
- useful 유용한
- expression 표현
- sign up 등록하다, 가입하다

 정답 ②

4 Script

(M) Good evening. This is June Lee with the latest weather updates. We had such clear skies today. However, with clouds coming in, we will receive about 50 mm of rain tomorrow. So, please keep your umbrella handy. But luckily, we will be able to enjoy beautiful sunny weather during the weekend.

안녕하세요. 저는 최신 날씨를 업데이트하는 June Lee입니다. 오늘 꽤 맑은 하늘이었습니다. 그렇지만 구름이 몰려와 내일은 약 50mm의 비가 올 것입니다. 그러니 가까운 곳에 우산을 두세요. 그러나 다행히도 주말에는 아름다운 화창한 날씨를 즐길 수 있을 것입니다.

Q. 내일은 날씨가 어떨 것인가?
① 비가 오는　　　　② 화창한
③ 바람이 부는　　　　④ 눈이 오는

오늘은 날씨가 맑았고, 내일은 비가 약 50mm 정도 올 것이라고 했으므로 정답은 ①번입니다.

- latest 가장 최신의
- update 갱신하다, 가장 최신의 정보를 알려주다
- such 그렇게, 꽤
- receive 받다
- about 약, ~쯤
- handy 편리한, 가까운 곳에 있는
- luckily 다행히도

정답 ①

5 Script

(M) Ethan has been playing volleyball for 4 years. At first, it was hard for him to practice every day. And he even hurt his leg last summer. However, he didn't give up practicing and playing volleyball. As a result, he was able to participate in a big volleyball match this spring and his team won the silver medal.

Ethan은 4년 동안 배구를 하고 있다. 처음에는 매일 연습하는 것이 그에게 힘들었다. 그리고 그는 지난 여름 다리를 다치기도 했다. 그렇지만 그는 연습을 포기하지 않고 배구를 했다. 결과적으로 그는 올 봄에 큰 배구 대회에 참가할 수 있었고, 그의 팀은 은메달을 땄다.

Q. Ethan에 대해 가장 잘 묘사한 것은 무엇인가?
① 수줍어하는　　　　② 친절한
③ 세심한　　　　④ 열심히 하는

4년 동안 배구를 하면서 힘들 때도, 다리를 다쳤을 때도 있었지만 연습을 포기하지 않고 훈련을 계속한 결과 큰 대회에서 좋은 성적을 거뒀다고 했으므로 Ethan을 묘사하는 말로는 '성실한, 열심히 하는'이라는 표현이 적절하므로 ④번이 정답입니다.

- volleyball 배구
- at first 초기에, 처음에는
- hard 어려운, 힘겨운
- practice 연습하다, 훈련하다
- hurt 다치다
- leg 다리
- give up 포기하다
- as a result 결과적으로
- participate in ~에 참가하다
- match 경기, 시합
- win 이기다, 우승하다 (win-won-won)
- silver 은

 정답 ④

6 Script

(M) Kyle is a 12-year-old boy and he is the strongest boy in the world. He is 160 cm tall and weighs 66.6 kg. He lifted a 140-kilogram weight at a junior bodybuilding event. He wants to become an Olympic weight lifter and win a gold medal.

Kyle은 열두 살 소년으로 그는 세계에서 가장 힘이 센 소년이다. 그는 키가 160cm이고, 몸무게는 66.6kg이다. 그는 주니어 보디빌딩 대회에서 140kg의 무게를 들어올렸다. 그는 올림픽 역도 선수가 되어 금메달을 따고 싶어 한다.

Q. 소년에 대해 알 수 없는 것은 무엇인가?
① 그의 키　　　　② 그의 몸무게
③ 그의 고향　　　　④ 그의 장래 희망

Kyle에 대해 나이, 키, 몸무게, 얼마나 무거운 것을 들었는지, 그의 장래 희망이 무엇인지는 언급되었지만 그의 고향에 대한 언급은 없으므로 ③번이 정답입니다.

- weigh 무게가 ~이다
- lift 들어 올리다, 올라가다
- weight 무게
- event 대회, 사건
- weight lifter 역도 선수

 정답 ③

7 Script

(W) In last year's Children's Summer Camp, we went fishing and swimming. We also had a barbecue. All the children enjoyed the activities very much. We are holding the second Children's Summer Camp this year. In addition to last year's activities, we will also make a camp fire and learn folk dancing.

지난 해 어린이 여름 캠프에서 우리는 낚시를 가고 수영을 했다. 우리는 바비큐 파티를 하기도 했다. 모든 아이들이 활동들을 아주 많이 좋아했다. 우리는 올해 두 번째 어린이 여름 캠프를 열 것이다. 지난 해 활동외에 우리는 캠프 파이어를 만들고 민속 춤도 배울 것이다.

Q. 캠프에서 새로운 활동으로 언급된 것은 무엇인가?
① 낚시하기　　　　② 수영하기
③ 춤 배우기　　　　④ 바비큐 파티하기

지난 해 캠프에서는 낚시, 수영, 바비큐 파티가 있었는데, 올해는 여기에 캠프 파이어 만들기와 민속 춤 배우는 것이 더해졌다고 했으므로 정답은 ③번입니다.

• go -ing ~하러 가다
• have a barbecue 바비큐 파티를 하다
• hold (대회, 시합 등을) 열다
• in addition to 게다가, ~에 더하여
• folk 민속의, 전통적인

 ③

 Script

(W) Attention, please. Tomorrow, we're going to visit the National History Museum. You should arrive at school by 9 am. You don't need to wear your school uniforms and lunch will be ready for you at 1 o'clock. You must bring 6 dollars for a ticket. Do you have any questions?

주목해 주세요. 내일 우리는 국립역사박물관을 방문할 예정입니다. 여러분은 오전 9시까지 학교에 도착해야 합니다. 교복을 입을 필요는 없고 점심은 1시에 여러분을 위해 준비될 것입니다. 표 구입을 위해 여러분은 6달러를 가지고 와야 합니다. 다른 질문 있나요?

Q. 담화에 따르면 사실이 아닌 것은 무엇인가?
① 표 한 장의 값은 5달러가 넘는다.
② 교복은 필요 없다.
③ 학생들은 스스로 점심을 준비해야 한다.
④ 학생들은 오전 9시까지 학교에 와야 한다.

학생들을 위해 1시에 점심이 준비된다고 했으므로 점심을 준비해야만 한다고 한 ③번이 정답입니다.

• attention 주목, 주의, 관심
• be going to ~할 예정이다
• national 국가의, 전 국민의
• arrive at ~에 도착하다
• school uniform 교복
• be ready for ~할[~를 위해] 준비가 되다

 ③

Section 2 Reading Part

Reading Type 01

Sample 본문 30쪽

내 친구 Sally는 비싼 오디오 시스템을 가지고 있다.

My friend와 Sally 사이의 콤마(,)는 동격을 나타내므로 한 사람을 가리킵니다. 3인칭 단수 주어는 동사도 단수 동사를 써서 have는 has가 되어야 하므로 정답은 ②번입니다.

• expensive 값비싼

 ②

Practice 본문 32~33쪽

나는 2년 전에 그 나라의 남쪽 지역에 갔다.

문장의 뒤에 two years ago라는 과거를 나타내는 부사구가 있으므로 동사는 과거시제가 되어야 하므로 go는 went가 되어야 합니다. 그러므로 정답은 ①번입니다.

• southern 남쪽의
• part 부분, 지역
• ago ~ 전에

 ①

우정은 삶에서 가장 의미 있는 것들 중 하나이다.

「one of + 최상급 + 복수명사」는 '가장 ~한 것들 중 하나'라는 의미입니다. 따라서 thing은 복수 형태인 things가 되어야 하므로 정답은 ④번입니다.

• friendship 우정
• meaningful 의미 있는

 ④

내 아버지는 공원에서 산책하는 것을 좋아하신다.

주어가 My father로 3인칭 단수이므로 동사도 단수 동사인 likes가 되어야 하므로 정답은 ②번입니다.

• like -ing ~하는 것을 좋아하다
• take a walk 산책하다

 ②

Lynn은 그녀의 오랜 친구들을 만나서 매우 기뻤다.

감정을 나타내는 형용사(happy) 다음에 to부정사가 나오면 '~ 해서'라는 감정의 원인을 나타냅니다. 그러므로 이 문장에서 to는 전치사가 아니라 to부정사의 to이므로 -ing 형태가 아니라 동사원형인 meet으로 써야 하므로 정답은 ②번입니다.

• be happy to ~해서/~하게 되어 기쁘다
• old 오래된

 ②

Paul은 훌륭한 농구 선수로 아주 빠르게 달릴 수 있다.

동사를 수식하는 것은 부사이고, 그런 부사를 수식하는 것은 부사입니다. '빠르게 달리다'라는 의미로 동사 run을 수식하는 것으로 quickly가 되어야 합니다. very는 quickly를 수식하고 있습니다. 그러므로 정답은 ④번입니다.

• quick 빠른

정답 ④

Ryan은 장래에 유명한 작가가 꼭 되고 싶어 한다.

동사 want는 목적어로 to부정사만을 쓸 수 있습니다. 그러므로 동명사 being이 아닌 to be가 되어야 하므로 정답은 ②번입니다.

• famous 유명한
• writer 작가

정답 ②

이 건물을 디자인한 건축가를 알고 있니?

Do you know the architect?와 The architect designed this building.의 두 문장이 결합된 것으로 이때 관계대명사를 이용할 수 있습니다. The architect가 두 번째 문장에서 주어 역할을 하므로 주격 관계대명사 who 또는 that을 써야 합니다. 그러므로 정답은 ③번입니다.

• architect 건축가
• design 디자인하다, 설계하다

정답 ③

언덕 위에 있는 아름다운 성은 19세기에 지어졌다.

의미상 성이 지어지는 것이므로 동사의 형태는 수동태가 되어야 합니다. 수동태는 「be동사 + 과거분사」 형태가 되어야 하므로 building이 아닌 built로 써야 합니다. 그러므로 정답은 ③번입니다.

• castle 성
• hill 언덕
• build (건물을) 짓다 (build-built-built)

정답 ③

Reading Type 02

Sample
본문 34쪽

뉴욕행 기차는 30분 후에 출발합니다.

전치사 for는 '~로 가는, ~행'이라는 의미를 나타냅니다. 그러므로 빈칸에 '떠나다, 출발하다'라는 의미의 단어가 필요합니다. leave가 '떠나다'라는 의미이므로 정답은 ③번입니다.

• save ~을 구하다, 저축하다

• leave 떠나다, 출발하다, 남기다
• receive ~을 받다

정답 ③

Practice
본문 36~37쪽

우리가 책을 늦게 반납하면 1달러를 지불해야 한다.

빈칸 다음에 금액이 나오므로 문맥상 책을 늦게 반납하면 벌금 형태로 1달러를 '내야 한다(pay)'는 말이 적절하므로 정답은 ①번입니다.

• return ~을 반환하다, 돌려주다
• late 늦게
• pay ~을 지불하다
• push ~을 밀다
• paint 페인트칠을 하다
• predict ~을 예측하다

정답 ①

그 영화는 너무 흥미로워서 나는 그것을 두 번 봤다.

두 번 영화를 봤다는 내용이 있으므로 영화가 대단히 '흥미로웠다(interesting)'고 해야 자연스럽습니다. 그러므로 ④번이 정답입니다.

• twice 두 번 (= two times)
• far 멀리; 먼
• tasty 맛있는
• noisy 시끄러운

정답 ④

나는 밤 11시까지 여기에 있을 수 없어. 내게는 너무 늦을 거야.

빈칸 앞의 문장이 밤 11시까지 있을 수 없다는 내용이므로 빈칸에는 너무 '늦다(late)'라는 말이 어울리므로 정답은 ①번입니다.

• stay ~에 머물다
• nice 멋진
• slow 느린
• light 가벼운

정답 ①

나는 아주 심한 감기에 걸려서 병원에 갔다.

빈칸 다음에 심한 감기라는 말이 나오므로 빈칸에는 감기에 '걸리다'라는 의미가 되어야 합니다. '감기에 걸리다'라는 표현은 have a cold, catch a cold입니다. 시제가 과거이므로 빈칸에는 had나 caught가 적절하므로 정답은 ④번입니다.

11

- hospital 병원
- lose ~을 잃어버리다 (lose-lost-lost)
- catch ~을 잡다 (catch-caught-caught)

정답 ④

그는 어떤 도움도 없이 혼자서 모든 상자들을 옮겼다.

by oneself는 '혼자'라는 뜻이므로 빈칸에는 다른 사람의 도움이 '없이 (without)'가 되어야 합니다. 그러므로 정답은 ③번입니다.

- move ~을 옮기다
- by oneself 혼자, 홀로 (= alone)
- through ~을 통해

정답 ③

우리는 아기가 자고 있어서 아주 조용히 걸었다.

because(~ 때문에)절을 통해 빈칸에 어떤 단어가 들어가야 할지를 판단합니다. 아기가 자고 있으므로 깨지 않게 최대한 '조용히(quietly)' 걸었다는 말이 되어야 하므로 ③번이 정답입니다.

- sleep 잠을 자다
- tiredly 피곤하게
- loudly 큰 소리로
- perfectly 완벽하게

정답 ③

당신은 진찰을 받기 전에 이 양식을 작성해야 합니다.

빈칸 다음에 this form이 나옵니다. 문맥의 흐름상 form은 '서식, 양식'이라는 의미입니다. '서류를 작성하다'라는 의미로 fill out을 씁니다. 그러므로 정답은 ②번입니다.

- form 서류, 양식
- see a doctor 의사에게 가다, 진찰을 받다
- try on (옷, 신 등을) 입어[신어]보다, ~을 해보다
- drop by 들르다, 방문하다
- result in ~을 초래하다, 야기하다

정답 ②

내 컴퓨터가 갑자기 멈춰서 작동이 안 됐다.

빈칸 다음에 작동을 멈췄다는 말이 나오므로 빈칸에는 컴퓨터에 문제가 발생했다는 내용이 되어야 합니다. shut down은 '멈추다, 정지하다'라는 의미이므로 ②번이 정답입니다.

- suddenly 갑자기
- stop 멈추다 (동사 stop은 동명사를 목적어로 씀)
- get on ~을 타다

- check in 투숙[탑승] 수속을 밟다
- point out ~을 지적하다

정답 ②

Reading Type 03-A

Sample
본문 38쪽

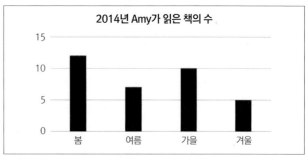

2014년 Amy가 읽은 책의 수

Q. 그래프에 따르면, 다음 중 사실인 것은 어느 것인가?
① Amy는 가을에 10권 이상의 책을 읽었다.
② Amy는 여름에 5권 미만의 책을 읽었다.
③ Amy는 봄에 가장 많은 수의 책을 읽었다.
④ Amy는 여름과 겨울에 같은 수의 책을 읽었다.

도표에 의하면 Amy는 봄에 10권 이상으로 제일 많이 읽었고, 겨울에 5권으로 제일 적게 책을 읽었습니다. 여름에는 5권 이상을 읽었고, 가을에는 10권을 읽었습니다. 그러므로 도표와 일치하는 내용은 ③번입니다.

- more than ~ 이상
- less than ~에 못 미친, ~ 미만
- the number of ~의 수
- same 동일한

정답 ③

Practice
본문 39쪽

생일, 결혼식, 기타 중요한 행사를 위한
신선하고 맛있는 디저트

주중에만
무료
배달됩니다.

Teresa 베이커리

30가지 이상의 다양한
종류의 케이크, 파이,
과자들을 당신을 위해
구웠습니다!

(212) 881-2778로 전화주세요.

Q. 광고로 알 수 있는 것은 무엇인가?
① 가게는 주말에 열지 않는다.
② 가게는 중요한 행사를 위해 무료 음료를 제공한다.
③ 가게는 파이를 주중에만 판다.
④ 가게에는 30가지 종류 이상의 제과점 제품들이 있다.

이 빵 가게에서 주중에만 하는 것은 무료 배달이고, 중요한 행사 등을 위한 디저트가 마련되어 있습니다. 제품의 종류가 30가지 이상 다양하다고 했으므로 광고의 내용과 일치하는 것은 ④번입니다.

- fresh   신선한
- delicious   맛있는
- big event   중요한 행사
- bakery   빵집, 제과점
- different   다른, 다양한
- bake   굽다
- free   무료의
- delivery   배달
- weekdays   평일에
- offer   ~을 제공하다
- item   품목, 항목

 ④

목요일 현장 견학

11월 4일 – 원더 워터 파크
11월 11일 – 우주 마을
11월 18일 – 역사 박물관
11월 25일 – 월드컵 경기장

지금 등록하세요! 학생 1인당 5달러.
www.fieldtrips.org

Q. 이 게시 내용에 따르면 사실인 것은 무엇인가?
① 학생들은 25일에 박물관을 방문할 것이다.
② 학생들은 등록하기 위해서는 6달러 이상이 필요하다.
③ 학생들은 11일에 워터 파크에 갈 것이다.
④ 학생들은 11월 매주 목요일마다 현장 견학을 갈 수 있다.

게시된 내용의 제목이 '목요일 현장 견학'이고 11월 네 번의 목요일마다의 일정을 제시하고 있으므로 ④번의 내용이 정답입니다.

- field trip   현장 견학 학습
- wonder   경이, 감탄
- space   공간, 우주
- stadium   경기장
- register   등록하다
- per   ~당

 ④

Reading Type 03-B

Sample   본문 40쪽

우리 반 친구 모두는 Emily를 좋아한다. 왜냐하면 그녀는 모든 사람에게 다정하기 때문이다. 그녀는 항상 미소를 지으며 사람들에게 안녕이라고 말한다. 내가 숙제를 하느라 애를 먹고 있을 때 그녀는 나를 많이 도와주고 내 질문에 답해 준다. 물론 그는 종종 우리를 위해 간식거리들을 가져오고, 그래서 우리는 쉬는 시간에 그것들을 함께 나눠 먹는다.

Q. Emily의 성격을 가장 잘 묘사한 것은 무엇인가?
① 수줍어하는   ② 조용한
③ 이기적인   ④ 친절한

Emily는 모든 사람들에게 다정하게 대한다고 했습니다. 미소를 지으며 인사를 하고 글쓴이의 어려운 숙제를 도와주거나 질문에 답도 해주고, 가끔 간식도 가져오는 등 친절한 행동 때문에 모든 아이들이 좋아한다고 했으므로 그녀의 성격은 '친절한(Friendly)'이라는 말이 적절합니다.

- classmate   학급 친구
- smile   미소 짓다
- hard   어려운, 힘겨운
- do homework   숙제를 하다
- a lot   많이
- snack   간식거리
- share   ~을 나누다
- break time   쉬는 시간

 ④

Practice   본문 41쪽

받는 사람: kelly_06@pacific.com
보내는 사람: mia27@edmond.com
제목: 알로하 타워

안녕 Kelly,
하와이에 대한 정보에 대해 네게 감사해. 그런데 공항에서 알로하 타워에 어떻게 갈 수 있는지 알고 싶어. 셔틀 버스가 있니? 그리고 타워 주변에 괜찮은 식당을 추천해 줄 수 있니?
곧 답장해 줘.

건강 조심하고,
미아

Q. 미아는 Kelly에게 왜 이 이메일을 썼는가?
① 초대하기 위해
② 미안하다고 말하기 위해
③ 충고를 하기 위해
④ 정보를 요청하기 위해

Kelly에게 알로하 타워에 가는 교통편과 주변 식당에 대한 정보를 물어보고 있으므로 정답은 ④번입니다.

- information   정보
- how to get to   ~에 가는 방법
- airport   공항
- shuttle bus   셔틀 버스 (가까운 거리를 왕복하는 버스)
- recommend   ~을 추천하다
- reply   응답하다
- Take care. 몸 건강해. (헤어질 때 하는 인사말)
- invite   ~을 초대하다
- advice   충고
- ask for   ~을 요청하다

 ④

2

국립 오케스트라는 이번 일요일 오전 10시에 학생들을 위해 무료 음악 교실을 열 것이다. 수업은 학생들에게 클래식 음악의 즐거움을 배울 수 있는 기회를 제공할 것이다. 학생들은 오케스트라의 생생한 공연을 듣게 될 것이다. 또한 음악 감독은 모차르트나 베토벤과 같은 유명 음악가들에 대한 흥미로운 이야기를 들려줄 것이다.

Q. 이 글에 따르면 사실인 것은 무엇인가?
① 수업은 10달러의 비용이 든다.
② 수업은 토요일에 열릴 것이다.
③ 학생들은 생음악을 연주할 것이다.
④ 음악 감독은 흥미로운 이야기를 들려줄 것이다.

수업은 무료이고, 일요일에 열립니다. 오케스트라의 라이브 공연을 보게 될 것입니다. 따라서 음악 감독이 유명 음악가의 흥미로운 이야기를 들려줄 것이라는 ④번의 내용만이 글과 일치합니다.

- free 무료의
- class 수업
- provide ~을 제공하다
- opportunity 기회
- joy 즐거움
- live 생생한
- performance 공연
- director 감독
- exciting 흥미로운, 재미있는
- famous 유명한
- musician 음악가
- cost (비용이) ~들다; 비용
- perform ~을 공연하다, 수행하다

 정답 ④

Reading Type 03-C

Sample
본문 42쪽

나는 주말마다 우리 가족과 함께 영화를 보러 가는 것을 좋아한다. 그리고 나는 종종 친구들에게 좋은 영화를 추천한다. 내가 영화를 사랑하는 세 가지 이유가 있다. 첫째, 나는 놀라운 장면들을 보고 아름다운 노래를 들을 수 있다. 둘째, 나는 다양한 문화와 사람들에 대해 배울 수 있다. 마지막으로 영화는 흥미롭고 재미있다. 영화는 항상 나를 행복하게 한다.

Q1. 이 글의 가장 알맞은 제목은 무엇인가?
① 내가 가장 좋아하는 배우
② 내가 가장 좋아하는 영화
③ 내가 영화를 좋아하는 이유
④ 내가 감독이 되고 싶은 이유

Q2. 이 글을 통해 알 수 없는 것은 무엇인가?
① 글쓴이는 영화가 재미있다고 생각한다.
② 글쓴이는 종종 친구들에게 비디오를 빌려준다.
③ 글쓴이는 주말마다 영화를 보러 간다.
④ 글쓴이는 영화를 통해 다른 문화에 대해 배운다.

Q1. 글쓴이는 자신이 왜 영화를 좋아하는지 세 가지 이유를 들어 설명하고 있으므로 정답은 ③번입니다.

Q2. 친구들에게 좋은 영화를 추천한다는 말은 있지만, 비디오를 빌려준다는 말은 없으므로 정답은 ②번입니다.

- go to the movies 영화를 보러 가다
- on weekends 주말마다
- often 종종, 자주
- reason 이유
- wonderful 멋진, 훌륭한
- scene 장면
- different 다른, 다양한
- culture 문화
- make + 목적어 + 형용사 (목적어)를 ~하게 만들다
- all the time 항상

 정답 1. ③ 2. ②

Practice
본문 44~45쪽

1

Lucy는 영국의 웨일즈에 살고 있는 고양이이다. 그녀는 올해 39세가 되어 세계에게 가장 나이가 많은 고양이가 되었다. 그녀는 1972년에 태어나 그 후로 Bill이라고 불리는 63세 된 그녀의 주인과 함께 살고 있다. Bill은 Lucy가 나이는 많지만 아주 건강하다고 말한다. Lucy는 Bill의 정원을 거니는 것을 좋아하고, Bill의 손자인 Tom과 노는 것을 좋아한다.

Q1. Lucy의 나이는 몇 살인가?
① 19세　　② 39세　　③ 63세　　④ 72세

Q2. Lucy에 대해 사실인 것은 무엇인가?
① 그녀는 아주 아프다.　　② 그녀는 캐나다에 살고 있다.
③ 그녀는 그녀의 주인과 살고 있다.　④ 그녀는 항상 집안에 있다.

Q1. 1972년에 태어나 올해 39세가 되었다고 했으므로 정답은 ②번입니다.

Q2. Lucy는 나이는 많지만 건강하고, 영국에 살고 있으며, 정원 거니는 것을 좋아한다고 했습니다. 따라서 주인과 살고 있다는 ③번이 글의 내용과 일치합니다.

- living 살고 있는 (앞의 명사를 꾸며주는 현재분사)
- turn ~이 되다
- since then 그때부터, 그 후로
- master 주인
- called 불리는 (앞의 명사를 꾸며주는 과거분사)
- healthy 건강한
- inside ~의 안에

 정답 1. ② 2. ③

2

최초의 월드컵은 1930년에 우루과이에서 열렸다. 그 이후로, 그 세계적으로 유명한 대회는 4년마다 열렸다. 월드컵의 첫 번째 골은 프랑스 선수에 의해 기록되었다. 월드컵 역사상 가장 어린 선수는 아일랜드 출신이었다. 그는 1982년에 경기에 뛰었을 때 17세였다. 가장 나이가 많은 선수는 카메룬 출신이었다. 1994년 그가 경기할 때 그는 42세였다.

Q1. 최초의 월드컵은 어디서 열렸는가?
① 아일랜드　　② 프랑스　　③ 우루과이　　④ 카메룬

Q2. 이 글을 통해 알 수 있는 것은 무엇인가?
① 아일랜드는 1982년 월드컵에서 우승했다.
② 프랑스 선수들은 항상 우루과이 선수들보다 더 어리다.
③ 월드컵 역사에서 가장 나이가 많은 선수는 카메룬 출신이었다.
④ 월드컵 역사에서 가장 많은 골들은 프랑스 선수들에 의해 기록되었다.

Q1. 최초의 월드컵은 우루과이에서 열렸다고 했으므로 정답은 ③번입니다.

Q2. 월드컵 역사상, 가장 나이가 많은 선수는 카메룬 출신이라고 했으므로 정답은 ③번입니다.

• goal (운동 경기의) 골; 목표
• score 득점을 올리다

정답 1. ③ 2. ③

Section 3 Writing Part

Writing Type 01

Sample
본문 46쪽

나는 Jerry라는 이름의 남동생이 하나 있다. 그와 나는 아주 다르 1. 다. 예를 들어, Jerry는 운동을 잘 하지만 나는 그렇지 않다. 또, 나는 우리 반에서 2. 가장 키가 큰 학생이지만 Jerry는 아주 키가 작다. 비록 우리는 많은 다른 점들이 있지만 나는 세상 어느 누구 3. 보다 내 남동생을 사랑한다.

1. 주어가 He and I입니다. A and B는 복수로, 동사도 복수 동사가 되어야 하므로 are가 정답입니다.

2. 빈칸 다음에 최상급 tallest가 있고 다음에 in '~에서'라는 말이 있으므로 빈칸에는 정관사 the가 정답입니다. 「the + 최상급 + in ~」은 '~에서 가장 …한'이라는 의미를 나타냅니다.

3. 글의 흐름상 세상 누구보다 '더' 사랑한다는 내용이 되어야 하므로 여기에 맞는 표현은 more than이므로 정답은 than입니다.

• different 다른
• for example 예를 들면
• be good at ~을 잘하다
• although 비록 ~일지라도
• difference 다름, 차이점

정답 1. are 2. the 3. than

Practice
본문 48~49쪽

나는 Ronald라는 이름의 친구가 있다. 그는 13 1. 살이고, 축구하는 것을 아주 좋아한다. 그는 매일 그의 친구들 2. 과 축구를 한다. 사실 그는 정말 축구를 3. 잘한다. 그의 꿈은 축구 선수가 되어 월드컵 경기에서 축구를 하는 것이다.

1. 나이를 나타낼 때는 old를 써서 ~ years old라고 표현합니다. 그러므로 정답은 old입니다.

2. 내용상 친구들과 '함께'라는 뜻이어야 하므로, 전치사 with가 정답입니다.

3. be good at은 '~을 잘하다'라는 뜻으로 부사는 be동사 다음에 쓰입니다. 그러므로 정답은 good입니다.
• play soccer 축구를 하다
• in fact 사실은
• dream 꿈; 꿈을 꾸다

정답 1. old 2. with 3. good

Noah Webster는 1778년에 예일 대학 1. 을 졸업했다. 그는 법을 공부하고 싶었지 2. 만 충분한 돈이 없었다. 그래서 그는 선생님이라는 직업을 갖기로 결정했다. 1783년에 그는 3. 읽고 쓰는 법을 학생들에게 가르치기 위해 책을 썼다. 미국인들은 미국 전역의 학교에서 100년 동안 그 책을 사용했다.

1. '~를 졸업하다'라는 표현은 graduate from을 써야 하므로 빈칸에는 from이 정답입니다.

2. 'A를 하고 싶었지만 B를 했다'라는 내용으로 빈칸의 앞뒤의 내용이 서로 반대일 경우는 역접의 접속사 but을 써야 합니다.

3. 「how to + 동사원형」은 '~하는 법'이라는 뜻이므로 빈칸에는 to가 정답입니다.

• graduate from ~를 졸업하다
• university 대학교
• law 법, 법률
• enough 충분한
• decide to ~하기로 결정하다
• get a job 직업을 갖다
• all over 곳곳에, 도처에

정답 1. from 2. but 3. to

백남준은 세계적으로 유명한 한국의 예술가였다. 그는 최초의 비디오 예술가로 여겨 1. 진다. 백은 그의 창조적인 작품들로 가장 잘 알려져 있다. 그의 가장 큰 프로젝트는 서울 3. 에서 열린 1988년 올림픽 경기를 위해 디자인 2. 된 "Wrap Around the World(손에 손잡고)"였다.

1. 백남준이 최초의 비디오 예술가로 '여겨지는, 간주되는'이므로 be considered가 되어야합니다. 빈칸에는 is가 정답입니다.

2. 빈칸 앞에 나온 "Wrap Around the World"를 부연 설명해 주는 것이므로, 빈칸에는 관계대명사가 필요합니다. 선행사가 사물이므로 주격 관계대명사 which 또는 that을 쓸 수 있으므로 정답은 which입니다.

3. 장소를 나타내는 전치사로는 at과 in이 많이 쓰이는데, 도시나 나라 같은 비교적 넓은 장소에는 in을 씁니다. 따라서 '서울' 앞 빈칸에는 in이 정답입니다.

- artist 예술가
- consider A (to be) B A를 B로 여기다, 간주하다
- be known for ~로 알려지다
- creative 창조적인, 창의적인
- work 작품
- wrap 둘러싸다, 두르다
- design ~을 디자인하다

정답 1. is 2. which 3. in

Teresa 수녀는 수녀 1. 이면서 강한 여성이었다. 그녀는 인도 2. 에서 가장 가난한 사람들을 돕는 데 그녀의 전 생애를 보냈다. 그의 이타적인 사랑은 전 세계 수백만의 사람들의 심금을 울렸다. 1979년에 그녀는 그녀의 고귀한 일로 노벨 평화상을 3. 수상했다.

1. 빈칸 앞뒤로 동일한 성분의 내용이 있으므로 등위 접속사 and가 필요합니다.

2. 「the 최상급 + in ~」 표현은 '~에서 가장 …한'이라는 의미를 나타내므로 빈칸에는 in이 정답입니다.

3. 내용상 노벨 평화상을 '수상했다'라는 내용이 되어야 하므로 be honored with에서 시제가 과거이므로 was가 정답입니다.

- nun 수녀
- spend ~을 보내다 (spend-spent-spent)
- whole 전체의
- selfless 이타심의, 사심이 없는
- touch 마음을 움직이다, 감동시키다
- heart 마음, 심장
- millions of 수백만의
- honor 명예를 주다[얻다]; 영광
- be honored with ~의 영광을 가지다; ~을 수상하다
- noble 고귀한

정답 1. and 2. in 3. was

요즘, 많은 사람들은 애완동물로 고양이를 기른다. 그들이 1. 휴가를 갈 때에는 그들과 함께 고양이를 데려갈 수 없다. 다행히도 고양이 호텔이 영국에서 개장했다. 그 호텔은 맛있는 식사 2. 와 편안한 잠자리를 제공한다. 고양이가 하루 묵는데 약 3만원 정도의 비용이 든다. 그 호텔은 3. 비싸지만 고양이를 사랑하는 사람들 사이에서는 더 많은 인기를 얻고 있다.

1. '휴가를 가다'라는 표현은 go on vacation을 써야 하므로 빈칸에는 전치사 on이 들어가야 합니다.

2. 빈칸 앞뒤가 동일한 구조의 명사구(delicious meals, comfortable beds)가 있으므로 등위 접속사 and가 필요합니다.

3. 주어 다음에 동사가 없으므로 빈칸에 동사가 들어가야 하는데, 빈칸 다음에 형용사가 나오므로 be동사가 올 수 있습니다. 뒷문장의 시제가 현재이므로 현재동사 is가 정답입니다.

- nowadays 요즘

- pet 애완동물
- go on vacation 휴가를 가다
- take A with B B와 함께 A를 데려가다
- Britain 영국
- offer ~을 제공하다
- meal 식사
- comfortable 편안한
- expensive 비싼
- more popular 더 인기 있는 (popular처럼 3음절 이상의 형용사의 비교급은 앞에 more를 씀)
- among ~ 사이에 (셋 이상일 때)

정답 1. on 2. and 3. is

당신은 프랑스에서 많은 종류 1. 의 치즈를 볼 수 있다. 딱딱한 치즈, 부드러운 치즈, 그리고 푸른 치즈가 있다. 각각의 치즈는 어떻게 다른가? 치즈는 우유로 만들어 2. 진다. 소, 염소, 또는 양과 같은 다양한 동물들이 우유를 만든다. 그들은 다른 장소에서 3. 살고 먹는다. 이것이 우유의 맛을 다르게 한다.

1. kinds 앞에 형용사 many가 나오므로 kinds는 종류라는 뜻으로 쓰였습니다. 뒤에 명사 cheese가 있으면 '많은 종류의 치즈'라는 뜻이 됩니다. 이때 전치사 of를 씁니다.

2. '치즈가 우유로 만들어진다'라는 의미가 되어야 하므로 be made from을 써야 하는데, 주어가 물질 명사이므로 be동사는 is를 써야 합니다.

3. 주어(They) 다음에 동사 live와 eat이 이어지므로 동일 성분을 이어주는 등위 접속사 and가 정답입니다.

- kinds of ~의 종류
- hard 딱딱한, 단단한
- soft 부드러운
- each 각각
- be made from ~로 만들어지다
- cow 암소
- goat 염소
- sheep 양
- produce ~을 만들다, 생산하다
- taste 맛이 나다

정답 1. of 2. is 3. and

Writing Type 02

Sample
본문 50쪽

A: 배가 고파지고 있어.
B: 나도 그래. 뭐 좀 먹으러 가자.
A: 무엇을 먹고 싶니?
B: 난 치킨 샌드위치를 먹고 싶어.

두 사람은 배가 고파서 음식을 먹으러 가려고 합니다. 대화 마지막에 B가 자신이 먹고 싶은 음식을 말하고 있으므로 빈칸에는 '무엇을 먹고 싶은지'를 묻는 의문문이 필요합니다. 의문사 what으로 What do you want?라고 표현할 수 있습니다.

• hungry 배고픈
• have ~을 먹다

정답 What do you want?

Practice

본문 52~53쪽

A: 무엇을 찾고 있니?
B: 내 책가방. 어디에서도 찾을 수가 없어.
A: 그것은 어떻게 생겼니?
B: 검은색이고 많은 주머니가 있어.

찾고 있는 책가방에 대한 색상이나 모양을 마지막에 B가 말하고 있으므로, 빈칸에는 책가방이 어떻게 생겼는지를 묻는 것이 적절합니다. look like는 '(모양, 생김새 등이) 생기다'라는 의미로 쓰이고 it이 the school bag을 가리키므로, What does it look like?라고 표현합니다.

• look for ~을 찾다
• school bag 책가방
• anywhere 어느 곳
• look like ~처럼 보이다, (모양, 생김새 등이) 생기다

정답 What does it look like?

A: 너 10분 늦었어.
B: 미안해, 그렇지만 여기 오는 길에 교통 체증이 있었어.
A: 너 어디에 사는데?
B: 시청 근처에 살아.

대화의 마지막에 B가 자신이 살고 있는 곳을 말하고 있으므로 빈칸에는 where를 이용하여 어디에 살고 있는지를 묻는 것이 적절합니다. Where do you live?로 표현합니다.

• late 늦은
• near ~ 근처에
• traffic jam 교통 체증
• on the way 가는[오는] 길에, 도중에

정답 Where do you live?

A: 정원에 꽃들이 정말 많구나.
B: 응, 나는 꽃들을 좋아해.
A: 네가 제일 좋아하는 꽃은 무엇이니?
B: 장미를 가장 좋아해.

B가 앞에서 꽃들을 좋아한다고 하고, 마지막에 구체적으로 장미를 가장 좋아한다고 했으므로 빈칸에는 어떤 꽃을 제일 좋아하는지 묻는 것이 적절합니다. 주어진 단어 중 favorite은 형용사로 명사 앞에서 수식하므로 What is your favorite flower?가 되어야 합니다.

• garden 정원
• rose 장미

정답 What is your favorite flower?

A: 산 호세로 가는 편도행 표 하나 주세요.
B: 좋아요. 75달러입니다.
A: 언제 출발하나요?
B: 5시 45분에 떠납니다.

B의 마지막 대사가 떠나는 시간을 말하고 있으므로 빈칸에는 출발 시간을 묻는 질문이 와야 합니다. 출발 시간을 묻는 표현은 When does it leave? 입니다.

• one-way 편도의
• leave 떠나다, 출발하다

정답 When does it leave?

A: 새 휴대전화를 샀니?
B: 응. 그 디자인이 좋아서 샀어.
A: 어디서 그것을 샀니?
B: 로즈 거리에 있는 쇼핑 몰에서.

대화의 마지막에 휴대전화를 구매한 구체적인 장소를 말하고 있으므로 빈칸에는 어디서 구매했는지를 묻는 것이 적절합니다. Where did you buy it? 으로 과거 시제를 이용한 의문문의 형태를 이해해야 합니다.

• cell phone 휴대전화
• shopping mall 쇼핑몰

정답 Where did you buy it?

A: 난 지루해.
B: 나도 그래. 외출해서 재미있는 것을 하자.
A: 어떤 생각이라도 있니?
B: 테니스를 하고 싶어.

외출해서 재미있는 것을 하자고 했습니다. 마지막 문장에서 테니스를 하고 싶다고 말했으므로, 제시된 단어들을 조합하여 '어떤 생각이라도 있니?'라는 질문을 할 수 있습니다.

• bored 지루한
• go out 외출하다, 나가다

정답 Do you have any ideas?

Writing Type 03

Sample

본문 54쪽

소녀가 컵을 들고 있다.

사진을 보고 제시된 단어를 이용하여 사진의 상황을 바르게 묘사하는 문제입니다. 사진에 소녀는 컵을 들고 있습니다. 주어는 The gril이고, 현재진행형으로 현재의 상태를 표현하고, 다음에 목적어가 이어집니다. The girl is holding a cup.이라고 한 문장으로 표현합니다.

• hold ~을 들다

정답 The girl is holding a cup.

Practice
본문 56~57쪽

소녀가 배낭을 매고 있습니다.

backpack은 '배낭'이라는 의미이고, carry는 '갖고 있다/갖고 다니다'라는 의미이므로, The girl is carrying a backpack.이라고 표현합니다.

• backpack 배낭
• hold ~을 잡다, 들다

정답 The girl is carrying a backpack.

남자는 사진을 찍고 있다.

'사진을 찍다'는 take a photo라고 표현합니다. 현재진행형 문장이 되어야 하므로 The man is taking a photo.라고 씁니다.

• take a photo 사진을 찍다

정답 The man is taking a photo.

남자가 창문을 닦고 있다.

남자가 창문을 닦고 있습니다. 창문이 복수이므로 앞에 a는 쓸 수 없습니다. 현재진행형으로 표현하여 A man is cleaning the windows.가 정답입니다.

• clean ~을 청소하다

정답 A man is cleaning the windows.

여자는 머리를 빗고 있다.

주어가 The woman이고, 현재진행형으로 표현하여 The woman is brushing her hair.가 됩니다.

• brush 빗으로 빗다; 빗, 솔

정답 The woman is brushing her hair.

실전모의고사 1

Section 1 Listening Part

Part I
본문 58~59쪽

1. ②   2. ②   3. ③   4. ①   5. ③

1 ▷ Script

① The girl is brushing her hair.
② The girl is painting a picture.
③ The girl is folding the paper.
④ The girl is cleaning the table.

① 소녀는 머리를 빗고 있다.
② 소녀는 그림을 그리고 있다.
③ 소녀는 종이를 접고 있다.
④ 소녀는 식탁을 치우고 있다.

소녀가 물감을 이용해 붓으로 그림을 그리고 있는 모습입니다.

• brush 머리를 빗다
• paint (그림을) 그리다
• fold 접다 (↔ unfold 펴다)
• clean 청소하다, 치우다

2 ▷ Script

① The man and the boy are jumping in the air.
② The man and the boy are playing with a ball.
③ The man and the boy are swimming in the sea.
④ The man and the boy are looking at each other.

① 남자와 소년은 공중에서 점프를 하고 있다.
② 남자와 소년은 공을 갖고 놀고 있다.
③ 남자와 소년은 바다에서 수영을 하고 있다.
④ 남자와 소년은 서로 바라보고 있다.

바닷가에서 아버지와 아들로 보이는 두 남자가 축구공을 발로 다루며 놀고 있습니다. 두 사람 다 시선은 공을 보고 있습니다.

• jump 점프하다
• in the air 공중에서
• play with ~ ~을 가지고[~와 함께] 놀다
• in the sea 바다에서
• each other 서로

3 > Script

① There is a fan on the wall.
② There is a cushion on the floor.
③ There are two lamps in the room.
④ There are no windows in the room.

① 벽에 선풍기가 하나 있다.
② 바닥에 쿠션이 하나 있다.
③ 방에 전등이 두 개 있다.
④ 방에 창문이 없다.

창문이 하나 있는 방에 침대가 놓여 있습니다. 침대 양 옆에 전등이 있고 천장에 선풍기가 하나 달려 있습니다. 방바닥에는 아무것도 떨어져 있지 않습니다.

• fan 선풍기, 환풍기
• on the wall 벽에
• floor 바닥
• lamp 전등

4 > Script

① One person is wearing a tie.
② All the people are eating cereal.
③ All the people are holding spoons.
④ Two people are having some strawberries.

① 한 사람이 넥타이를 매고 있다.
② 모든 사람들이 시리얼을 먹고 있다.
③ 모든 사람들이 숟가락을 들고 있다.
④ 두 사람이 딸기를 먹고 있다.

식탁에 두 명의 아이들이 앉아 숟가락으로 뭔가를 떠 먹고 있습니다. 이들 사이에 넥타이를 맨 남자가 음료수 단지를 들고 나누어 주려 하고 있습니다.

• be wearing 착용하고 있다
• tie = necktie
• hold (손에) 들다
• have 먹다, 마시다

5 > Script

① One person is drinking a glass of water.
② Two of the men are writing with their pens.
③ Two of the people are sitting around the table.
④ One of the men is typing something on the keyboard.

① 한 사람이 물 한 잔을 마시고 있다.
② 남자들 중 두 명이 펜으로 쓰고 있다.
③ 사람들 중 두 명이 테이블에 둘러앉아 있다.
④ 남자들 중 한 명이 키보드로 뭔가를 타이핑하고 있다.

두 사람은 테이블에 둘러앉아 있고 나머지 두 명은 서 있는데 그 중 한 사람은 컴퓨터 모니터를 보고 있습니다. 테이블 위에 여러 개의 물잔이 놓여 있고 한 사람은 손에 펜을 들고 있습니다.

• a glass of water 물 한 잔
• sit around the table 테이블에 둘러앉다

Part Ⅱ
본문 60쪽

6. ①   7. ③   8. ①   9. ④   10. ③

6 > Script

W: Hello, James. Where are you going?
M: I'm going to see a doctor.
W: What's wrong? Did you catch a cold?
M: Yes, I did.

여자: 안녕, James. 어디 가니?
남자: 병원에 진찰 받으러 가.
여자: 무슨 일이 있니? 너 감기 걸렸어?
남자: 응, 그래.

① 응, 그래   ② 예, 그렇습니다.
③ 아니, 나는 그렇지 않았어요.   ④ 아니, 할 수 없었어

Did로 물었으므로 Did로 대답하는 것이 원칙입니다. 긍정의 대답은 Yes, I did., 부정의 대답은 No, I didn't.로 하면 됩니다.

• go see a doctor 병원에 진찰을 받으러 가다
• What's wrong? 무슨 일이 있니?
• catch a cold 감기에 걸리다 (= have a cold)

7 > Script

M: Happy birthday, Denise!
W: Thanks. I'm having a party tomorrow at my house. Can you come?
M: Sure. How do I get to your house?
W: You can walk to my house.

남자: 생일 축하해, Denise!
여자: 고마워. 내일 우리 집에서 파티가 있어. 너 올 수 있니?
남자: 물론이지. 너의 집에 어떻게 가면 되지?
여자: 우리 집으로 걸어오면 돼.

① 못 찾을 리 없어.   ② 아주 멀어.
③ 우리 집으로 걸어오면 돼.   ④ 약 10분 정도 걸릴 거야.

집에 어떻게 찾아 가는지 묻고 있습니다. 어떤 교통수단을 이용하라거나 길을 직접 안내하는 방법으로 대답할 수 있습니다. ①은 길을 안내해 주면서 쉽게 찾을 수 있다고 말하는 표현이고 ④는 소요 시간을 말하는 표현입니다.

• I'm having a party tomorrow ~ 나는 내일 파티가 있어 ~ (예정된 일에는 미래 시제 대신 현재진행형으로 표현할 수 있다.)
• get to ~ ~에 도착하다
• far away 멀리 떨어진
• about 약

8 > Script

W: I want to do something fun.
M: How about going to the movies in the afternoon?
W: That's a good idea. When shall we meet?
M: Let's meet at 4:30.

여자: 뭔가 재미있는 일을 하고 싶어.
남자: 오후에 영화 보러 가는 건 어떨까?

19

여자: 그거 좋은 생각이네. 언제 만날까?
남자: 4시 30분에 만나자.

① 4시 30분에 만나자.
② 나는 코미디 영화를 좋아해.
③ Tom에게 우리와 같이 가자고 부탁할 거야.
④ 버스 정류장에서 봐.

언제 만나는 것이 좋겠는지 묻고 있으므로 구체적인 시간으로 대답하는 것이 자연스러운 표현입니다. ④는 만날 장소를 대답하고 있으므로 적절하지 않습니다.

- something fun   재미있는 어떤 것 (-thing으로 끝나는 단어는 형용사가 뒤에 온다.)
- How about -ing?   ~하는 것은 어떨까?
- go to the movies   영화 보러 가다 (= go to a movie)
- in the afternoon   오후에
- ask A to ~   A에게 ~해 달라고 부탁하다

9 ▷ Script

M: Penny, it's late. Why don't you go to bed now?
W: I can't. I have too much homework to do.
M: That's too bad. Do you want some help?
W: No, I can do it by myself.

남자: Penny, 늦었는데. 지금 잠자리에 들지 그러니?
여자: 그럴 수 없어. 해야 할 숙제가 너무 많아.
남자: 그거 참 안됐네. 좀 도와줄까?
여자: 아니, 나 혼자 할 수 있어.

① 네가 좋아하니 기뻐.
② 그래, 아주 무거워.
③ 나는 게임을 하고 싶어.
④ 아니, 나 혼자 할 수 있어.

도와주겠다고 제안하고 있으니까 이를 승낙하거나 사양하는 답변을 고릅니다. No, thanks.(고맙지만 됐어.)라는 표현도 많이 쓰입니다.

- Why don't you + 동사원형 ~?   ~하는 게 어때?, ~하지 그래?
- too much   너무 많은
- homework to do   해야 할 숙제 (to부정사가 앞에 있는 명사 수식)
- That's too bad.   그것 참 안됐구나.
- by myself   혼자 힘으로

10 ▷ Script

W: I'm going to send a postcard to Maria.
M: Wow! I'm sure she will be very happy.
W: I hope so. Do you know where the closest post office is?
M: There's one across the street.

여자: Maria에게 우편엽서를 한 장 보내려고 해.
남자: 와! 그녀가 틀림없이 아주 기뻐하겠군.
여자: 그러길 바라. 가장 가까운 우체국이 어디인지 아니?
남자: 길 건너에 하나 있어.

① 가게가 문을 닫았어.
② Maria는 샌프란시스코에 살아.
③ 길 건너에 하나 있어.
④ 그녀 이름의 철자를 모르겠어.

가장 가까운 우체국의 위치를 묻고 있으니까 장소에 관련된 대답이 적절합니다. across the street은 '길 건너에'의 뜻입니다.

- be going to + 동사원형   ~할 예정이다
- send A to B   A를 B에게 보내다 (= send B A)
- postcard   우편엽서
- I'm sure ~   나는 ~를 확신한다
- I hope so.   나는 그렇게 되기를 바란다. (cf. I hope not.   나는 그렇게 되기를 바라지 않는다.)
- Do you know ~?   너는 ~를 아니?
- closest   가장 가까운 (close의 최상급)
- post office   우체국
- spell   철자를 말하다[쓰다]

Part Ⅲ   본문 61~62쪽

11. ④	12. ③	13. ③	14. ③	15. ②
16. ③	17. ④	18. ①	19. ②	20. ①
21. ①	22. ②	23. ②	24. ③	

11 ▷ Script

(Rings)
M: Hello, Emma. It's Donald. I can't go to the museum with you tomorrow.
W: Really? Why not?
M: My grandparents are coming to my house for dinner.
W: Oh, okay. I understand.

(전화벨이 울린다)
남자: 여보세요, Emma. 나 Donald야. 내일 너와 같이 박물관에 못 가게 되었어.
여자: 정말? 왜 못 가는데?
남자: 조부모님이 저녁 식사하시러 우리 집에 오실 예정이셔.
여자: 아, 괜찮아. 이해해.

Q. 왜 남자는 여자에게 전화를 했는가?
① 조언을 해 주기 위해   ② 부탁을 하기 위해
③ 그녀를 집에 초대하기 위해   ④ 약속을 취소하기 위해

남자의 첫 번째 말에 전화를 한 이유(박물관에 가기로 한 약속 취소)가 나와 있습니다. 두 번째 말에서는 약속을 취소해야 하는 이유를 설명하고 있습니다.

- Why not?   왜 안 돼?; 왜 안 되겠어?[거 좋지] (여기서는 첫 번째 뜻)
- grandparents   조부모님
- be coming to ~   ~로 올 예정이다 ('지금 오고 있다'의 뜻도 될 수 있으나 여기서는 예정된 일을 현재진행형으로 표현한 것)
- favor   청, 부탁
- cancel   취소하다
- appointment   (만날) 약속

12 ▷ Script

W: Let's go to the stadium to watch the baseball game.
M: Alright. I'm so excited!
W: Shall we meet at the stadium?
M: No. I'll meet you at your house and we can go together by subway.

여자: 야구 시합을 보러 야구장에 가자.
남자: 좋아. 아주 신난다!
여자: 경기장에서 만날까?
남자: 아니. 너의 집에서 만나자. 우리는 지하철로 같이 가면 돼.

Q. 남자와 여자는 어디에서 만날 것인가?
① 남자의 집에서   ② 지하철 역에서
③ 여자의 집에서   ④ 야구 경기장에서

남자의 마지막 말에서 '너의 집에서 만나(meet you at your house)', '지하철로 같이 가자고(go together by subway)'라고 한 것에서 답을 찾을 수 있습니다.

• stadium   경기장
• Alright.   좋아, 알겠어. (= All right. = OK. = Okay.)
• excited   신난, 흥분된 (cf. exciting   신나게 하는, 흥미진진한)
• Shall we ~?   우리 ~할까?
• by subway   지하철로

13 ▷ Script

M: Stella, why didn't you come to math class yesterday? I was so worried.
W: I fell down and hurt my leg. I went to the hospital.
M: Oh, no. Are you okay now?
W: Yes, it's getting better.

남자: Stella, 왜 어제 수학 수업에 오지 않았니? 엄청 걱정했잖아.
여자: 나 넘어져서 다리를 다쳤어. 병원에 갔지.
남자: 오, 저런. 지금은 괜찮니?
여자: 응, 회복되고 있어.

Q. 남자와 여자의 관계로 가장 알맞은 것은 무엇인가?
① 펜팔   ② 이웃   ③ 반 친구   ④ 가족

남자의 첫 번째 말에서 어제 수업에 나오지 않은 이유를 묻고 걱정해 주고 있는 것에서 두 사람의 관계를 짐작할 수 있습니다.

• Why didn't you + 동사원형 ~?   너 왜 ~하지 않았니?
• be worried   걱정하다
• fall down   넘어지다
• hurt   다치다
• get better   회복되다, 나아지다
• most likely   아마도
• relationship   관계
• neighbor   이웃

14 ▷ Script

W: I am going to go hiking on Sunday. Will you join me?
M: I want to. But I heard it's going to rain this weekend.
W: Really? I'm so disappointed. Then what about next Saturday?
M: That sounds fine.

여자: 나는 일요일에 하이킹 갈 거야. 너 나랑 같이 갈래?
남자: 가고 싶어. 하지만 이번 주말에 비 온다고 하던데.
여자: 정말? 진짜 실망이다. 그러면 다음 토요일은 어때?
남자: 좋을 것 같아.

Q. 남자와 여자는 언제 하이킹을 갈 것인가?
① 이번 토요일   ② 이번 일요일

③ 다음 토요일   ④ 다음 일요일

여자가 "~ what about next Saturday? (~ 다음 토요일은 어때?)"라고 제안하자 남자가 "That sounds fine." 이라고 답했으므로 'next Saturday'에 가게 될 것입니다.

• be going to ~   ~할 예정이다
• go hiking   하이킹 가다
• Will you ~?   ~하겠니?
• join   함께 하다
• I heard ~   ~라고 들었다
• disappointed   실망하는
• then   그러면
• What about ~?   ~는 어때?
• sound   ~하게 들리다
• That sounds fine.   좋을 거 같아.

15 ▷ Script

M: Excuse me. How much are the tickets for the concert?
W: They cost ten dollars each. And you can get a 50% discount for children.
M: I'll take one ticket for an adult and one for a child, please.
W: Okay. Please wait.

남자: 실례합니다. 콘서트 티켓 얼마인가요?
여자: 한 장에 10달러예요. 그리고 어린이에게는 50% 할인해 드려요.
남자: 성인용 1장과 어린이용 1장 주세요.
여자: 예. 기다리세요.

Q. 남자는 얼마를 지불해야 하는가?
① 10달러   ② 15달러   ③ 20달러   ④ 25달러

한 장에 10달러이고 어린이는 반값인데 'one ticket for an adult and one for a child'라고 했으므로 모두 15달러입니다.

• How much is[are] ~?   ~은 얼마인가요? 〈가격을 묻는 표현〉
• cost   ~의 비용이 들다
• each   하나 당
• I'll take ~.   ~을 주세요. 〈물건을 사기로 결정하고 달라고 하는 말〉
• adult   어른, 성인
• child   어린이
• wait   기다리다

16 ▷ Script

W: Hello. How can I help you?
M: Hi. I'd like to return these books.
W: Alright. Can I see your student ID card?
M: There you are. And can you tell me how many books I can borrow at a time?

여자: 안녕하세요. 어떻게 도와 드릴까요?
남자: 안녕하세요. 이 책들을 반납하고 싶어요.
여자: 알겠어요. 학생증 좀 볼 수 있을까요?
남자: 여기 있어요. 그리고 한 번에 몇 권을 빌릴 수 있는지 알려 주시겠어요?

Q. 남자는 누구와 이야기를 하고 있는 것 같은가?
① 작가   ② 선생님   ③ 사서   ④ 점원

책을 반납하려는 학생에게 알겠다며 학생증 제시를 요구하는 사람의 직업을

고릅니다. 남자의 마지막 말 'There you are.(여기 있어요.)'는 "Here you are." 또는 "Here it is."로도 많이 쓰입니다.

- How can I help you?   어떻게[무엇을] 도와 드릴까요? (= Can I help you?)
- I'd like to ~.   ~하고 싶습니다.
- return   반납하다, 돌려주다
- Alright. = OK.
- student ID (card)   학생증
- There you are.   여기 있어요.
- Can you tell me ~?   나에게 ~을 말해 줄 수 있나요?
- borrow   빌리다 (↔ lend)
- at a time   한 번에
- librarian   사서
- sales clerk   점원, 판매원

17 Script

W: I'm going on a business trip to Tokyo this month.
M: Again? Didn't you go there last month?
W: No. Last month, I went to Hong Kong for a vacation.
M: Oh, right. Good luck and have a safe trip.

여자: 나는 이번 달에 도쿄로 출장을 가.
남자: 또? 지난 달에 거기에 가지 않았니?
여자: 아니. 지난 달에는 홍콩으로 휴가를 갔지.
남자: 아, 맞다. 행운이 함께 하고 안전한 여행되길 바라.

Q. 여자가 지난 달에 방문한 장소는 어디인가?
① 타이페이   ② 도쿄
③ 싱가포르   ④ 홍콩

여자의 두 번째 말에서 지난 달에 홍콩으로 휴가를 갔다고 했으므로 지난 달에 간 곳은 홍콩입니다.

- go on a business trip   출장가다
- I'm going ~   갈 것이다 (정해진 미래의 일을 현재진행형으로 표현할 수 있음)
- this month   이번 달
- vacation   휴가
- Good luck.   행운을 빌어요. (= I wish you good luck.)
- safe   안전한

18 Script

M: I got this sweater on sale at the department store yesterday.
W: Wonderful! What else was on sale?
M: Shirts and pants were on sale, too. The hats are on sale from today.
W: Really? I need one for the picnic tomorrow. I should check them out.

남자: 나는 이 스웨터를 어제 백화점 세일 때 샀어.
여자: 훌륭해! 다른 거 뭐 또 세일한 것 있었니?
남자: 셔츠와 바지도 세일했지. 모자는 오늘부터 세일이야.
여자: 정말? 나는 내일 피크닉 때 쓸 모자가 한 개 필요해. 가서 봐야겠네.

Q. 어제 할인 판매한 품목이 아닌 것은 무엇인가?
① 모자   ② 바지   ③ 셔츠   ④ 스웨터

남자의 말에 세일 품목이 다 나와 있습니다. 어제 산 스웨터뿐 아니라 셔츠와 바지도 세일인데 여자가 사고 싶어 하는 모자는 오늘부터 세일입니다.

- on sale   할인 판매 중인
- what else   그 밖에 다른 어떤 것
- pants   바지
- check out   확인하다

19 Script

M: Spring is my favorite season.
W: Why do you like spring so much?
M: I like spring because of the warm weather.
W: Really? I like it because my birthday is in spring.

남자: 봄은 내가 가장 좋아하는 계절이야.
여자: 왜 봄을 그렇게 좋아하지?
남자: 따뜻한 날씨 때문에 봄이 좋아.
여자: 정말? 나는 내 생일이 봄에 있기 때문에 봄이 좋은데.

Q. 남자가 봄을 좋아하는 이유는 무엇인가?
① 많은 꽃들   ② 따뜻한 날씨
③ 초록색 나뭇잎   ④ 다양한 봄 축제

남자는 warm weather 때문에 봄을 좋아한다고 하자 여자는 my birthday가 있어서 봄을 좋아한다고 말하고 있습니다.

- spring   봄
- favorite   가장 좋아하는
- season   계절
- so much   그렇게 많이
- because of ~   ~ 때문에 (뒤에 절이 아닌 명사(구)가 옴 (cf. because는 뒤에 절이 온다.)
- warm   따뜻한
- weather   날씨
- leaf   나뭇잎 (pl. leaves)
- various   다양한
- festival   축제

20 Script

W: When shall we leave for the restaurant?
M: Well... We booked the table for 7 o'clock, so let's leave at 6:30.
W: Umm... There will be a lot of traffic. How about leaving an hour before 7?
M: Sounds good. Let's do that.

여자: 언제 우리 레스토랑으로 출발할까?
남자: 글쎄… 우리는 7시로 테이블을 예약했으니까 6시 30분에 떠나자.
여자: 음… 교통량이 많을 텐데. 7시보다 한 시간 전에 출발하면 어때?
남자: 좋아. 그렇게 하자.

Q. 남자와 여자는 몇 시에 레스토랑으로 떠날 것인가?
① 6시   ② 6시 30분
③ 7시   ④ 7시 30분

7시로 예약이 되어 있는데 교통체증을 우려해 7시보다 한 시간 일찍 떠나자는 (How about leaving an hour before 7?) 여자의 제안에 남자가 동의했으므로 몇 시에 출발할지 짐작할 수 있습니다.

- When shall we ~?   우리 언제 ~할까? (I나 we를 주어로 의문문 형태로 제안할 때 씀)
- leave for ~   ~를 향해 떠나다, 출발하다
- book   예약하다 (= reserve)

- a lot of 많은
- traffic 교통(량)
- How about –ing? ~하는 건 어때?

21 Script

M: Excuse me, ma'am. Where should I take the flight to Paris?
W: May I see your plane ticket, sir?
M: Of course. Here it is.
W: You should go to gate 29. Go straight and you'll see it on your left.

남자: 실례합니다, 부인. 파리로 가는 비행기를 언제 타야 하죠?
여자: 당신의 탑승권을 좀 봐도 될까요, 손님?
남자: 물론이죠. 여기 있어요.
여자: 29번 게이트로 가세요. 똑바로 가시면 왼쪽에서 보일 거예요.

Q. 남자와 여자는 지금 어디에 있는가?
① 공항   ② 기차역
③ 놀이공원   ④ 급행버스 정류장

flight, plane ticket, gate 등의 표현에서 이 대화의 장소를 짐작할 수 있습니다.

- take the flight 비행기를 타다
- Here it is. 여기 있어요.
- Go straight. 직진하세요.
- on your left 당신의 왼쪽에
- amusement park 놀이 공원
- express 급행
- bus station 버스 정류장

22 Script

W: Sir, does it take long to walk to City Hall from here?
M: Actually, it does. It will be better for you to take the number 7 bus.
W: Thank you very much. And how long will it take?
M: You'll be there in 10 minutes.

여자: 선생님, 여기서 시청까지 걸어서 오래 걸리나요?
남자: 사실은, 그렇죠. 7번 버스를 타고 가는 것이 더 나을 거예요.
여자: 대단히 감사합니다. 얼마나 걸리나요?
남자: 10분이면 거기에 도착할 거예요.

Q. 여자는 시청에 어떻게 갈 것인가?
① 택시로   ② 버스로
③ 걸어서   ④ 지하철로

남자는 버스를 탈 것을 권했고, 고맙다며 소요 시간을 묻는 여자에게 10분이 걸릴 거라고 안내하고 있습니다.

- sir 선생님 (모르는 남자에 대한 경칭)
- Does it take long to walk to ~? ~까지 걸어서 오래 걸리나요?
- actually 사실은, 실제로
- It will be better for you to ~. 당신이 ~ 하는 것이 더 나을 거예요.
- How long will it take? (시간이) 얼마나 걸릴까요?

23 Script

W: Do you like sports?
M: Yes, tennis is my favorite. It's fun and it keeps me healthy.
W: I like tennis, too. But I like volleyball best. I'm a main player on my school team.
M: Wow! Maybe I should go see your game sometime.

여자: 너 운동 좋아하니?
남자: 응, 테니스가 내가 가장 좋아하는 운동이야. 재미있고 내 건강도 지켜주지.
여자: 나도 테니스를 좋아해. 하지만 나는 배구가 가장 좋아. 나는 내 학교 팀의 주전 선수야.
남자: 와! 아마도 나는 언젠가 너의 경기를 가서 봐야겠네.

Q. 남자와 여자는 주로 무엇에 대해 이야기하고 있는가?
① 미래의 꿈
② 가장 좋아하는 운동
③ 주말 계획
④ 건강 문제

favorite(가장 좋아하는), like ~ best(~을 가장 좋아한다) 등의 표현으로 tennis, volleyball(배구) 등 좋아하는 운동에 대해 이야기를 나누고 있습니다.

- favorite 가장 좋아하는 (것)
- fun 재미있는
- keep ~ healthy ~를 건강하게 유지하다
- main 주요한
- on my school team 내 학교 팀에서 (on은 소속을 나타냄)
- maybe 아마도
- go see 가서 보다 (= go and see)
- sometime 언젠가

24 Script

W: Let's go to the cafeteria after class.
M: Sorry. I have to go home. My piano teacher is coming for the lesson.
W: Piano? Don't you take a violin lesson, too?
M: Yes. I study them both because I want to be a famous musician.

여자: 수업 끝나고 구내식당에 가자.
남자: 미안해. 나는 집에 가야 해. 피아노 선생님이 레슨 때문에 오셔.
여자: 피아노? 너 바이올린 레슨도 받고 있지 않니?
남자: 맞아, 나는 유명한 음악가가 되고 싶어서 둘 다 공부하고 있어.

Q. 남자는 방과 후에 무엇을 할 것인가?
① 구내식당에서 음식 먹기
② 콘서트에서 공연하기
③ 피아노 레슨 받기
④ 유명한 음악가 만나기

남자가 방과 후에 하려는 일은 남자의 첫 번째 말에서 알 수 있듯이, 집에 가서 피아노 레슨을 받는 것입니다.

- cafeteria 카페테리아, 구내식당
- after class 방과 후에, 수업 끝나고
- have to ~ ~해야 한다
- take a lesson 레슨을 받다

- them both 그것들 둘 다 (= both of them)
- musician 음악가
- perform 공연하다

Part IV
본문 63쪽

25. ①   26. ③   27. ②   28. ③   29. ③
30. ③

25 Script

(W) Hello, students. Let me start the class. Last time, we learned about large sea animals. Today, we will study about small sea animals. I have many interesting pictures and video clips to show you, so get ready to enjoy the class.

학생여러분, 안녕하세요. 수업을 시작하겠습니다. 지난번에 우리는 큰 바다 동물에 대해 배웠습니다. 오늘은 작은 바다 동물에 대해 공부하겠습니다. 나에게는 여러분에게 보여 줄 많은 재미있는 사진들과 비디오 영상이 있습니다. 그러니 수업을 즐길 준비를 하세요.

Q. 학생들은 오늘 무엇에 대해서 공부할 것인가?
① 작은 바다 동물
② 큰 바다 동물
③ 작은 육지 동물
④ 큰 육지 동물

선생님의 세 번째 말(Last time, we learned about large sea animals.)에서 지난 시간에 배운 내용을 알 수 있고, 네 번째 말(Today, we will study about small sea animals.) 에서 오늘 공부할 내용을 알 수 있습니다.

- Let me ~. 내가 ~할게요.
- class 수업
- last time 지난번에
- learn about ~ ~에 대해 배우다
- video clip 홍보용 짧은 동영상
- get ready to ~ ~할 준비를 하다

26 Script

(M) Good evening. I'm your weatherman, Bruce Miller. Tomorrow, we will start the day with clear skies. But it will get cloudy in the evening. Strong winds are expected as well, so make sure to wear something warm if you have plans late in the afternoon.

안녕하세요. 저는 여러분의 날씨 예보관 Bruce Miller입니다. 내일은 맑은 하늘로 하루가 시작되겠지만 저녁에는 흐려지겠습니다. 강풍 또한 예상되니 오후에 계획이 있으신 분들은 따뜻한 옷차림 잊지 마시기 바랍니다.

Q. 내일 아침 날씨는 어떨 것인가?
① 비가 내린다   ② 바람이 분다
③ 해가 난다   ④ 흐리다

날씨 예보관은 내일 아침 날씨를 이렇게 표현했네요. "Tomorrow, we will start the day with clear skies." clear skies는 맑은 날씨를 말합니다.

- weatherman 날씨 예보관, 일기 예보관
- clear (날씨가) 맑은
- get cloudy 흐려지다

- be expected 기대되다, 예상되다
- as well 또한
- make sure to ~ 반드시 ~하다
- wear 입다, 몸에 걸치다
- something warm 따뜻한 어떤 것
- rainy 비가 오는
- windy 바람이 부는
- sunny 해가 난
- cloudy 흐린

27 Script

(W) Hello, I'm Jennifer. I am 27 years old. I am from Daejeon and I moved to Seoul 5 years ago. I studied English and American literature at university. After graduation, I went to Canada to study English education. Now, I teach English at a high school.

안녕하세요. 저는 Jennifer라고 합니다. 27세이고요. 대전 출신인데 5년전에 서울로 이사를 왔습니다. 대학교에서 영어와 미국 문학을 공부했습니다. 졸업 후에는 영어 교육학을 공부하기 위해 캐나다에 갔습니다. 지금은 한 고등학교에서 영어를 가르칩니다.

Q. Jennifer에 대해 언급되지 않은 것은 무엇인가?
① 출신 지역
② 자기 직업을 좋아하는 이유
③ 서울로 이사온 때
④ 대학에서 공부한 것

①은 '대전에서 (from Daejeon)', ③은 '5년 전에 서울로 이사(moved to Seoul 5 years ago)' ④는 '영어와 미국 문학 (English and American literature at university)'을 공부한 것으로 나와 있지만 ②에 대해서는 언급이 없습니다.

- be from ~출신이다, ~에서 왔다
- move to ~ ~로 이사하다
- literature 문학
- university 대학교
- graduation 졸업
- education 교육, 교육학

28 Script

(M) Good morning, everyone. The bus is now taking us to the White House. After the White House tour, we will visit the Lincoln Memorial. Then, we'll take pictures in front of Capitol Hill. Right after lunch, you will look around the famous art gallery.

여러분, 안녕하세요. 이 버스는 지금 우리를 백악관으로 데리고 가고 있습니다. 백악관 투어가 끝나면 링컨 기념관을 방문하게 됩니다. 그리고 나서, 국회의사당 앞에서 사진을 찍을 예정입니다. 점심 식사가 끝나면 바로 여러분은 유명한 화랑을 둘러보게 될 것입니다.

Q. 관광객들이 점심 식사 후에 바로 하게 될 일은 무엇인가?
① 링컨 기념관 방문
② 백악관 가기
③ 화랑 둘러보기
④ 국회의사당 앞에서 사진 촬영하기

마지막 말에 점심 시간 뒤의 스케줄이 나와 있습니다. (Right after lunch, you will look around the famous art gallery.) look around는 '구경하다, 둘러보다'의 뜻입니다.

- take A to ~   A를 ~로 데려가다
- White House   백악관 (미국 대통령 관저)
- tour   투어, 관광
- Lincoln Memorial   링컨 기념관
- take pictures   사진을 찍다
- in front of ~   ~ 앞에서
- Capitol Hill   미국 국회의사당
- right after ~   ~후에 바로
- look around   둘러 보다
- art gallery   화랑

29 Script

(W) My job is to make people look better. I cut people's hair and change their style. I can change the color of people's hair and even make straight hair curly. I am very happy when my customers are satisfied with their new styles. I love my job very much.

내가 하는 일은 사람들을 더 나아 보이게 만드는 것이다. 나는 사람들의 머리카락을 자르고 그들의 스타일을 변화시킨다. 나는 사람들의 머리카락 색깔을 바꿔놓을 수 있고 심지어 곧은 머릿결을 곱슬곱슬하게 만들 수도 있다. 나는 고객들이 새로운 헤어스타일에 만족할 때 매우 기쁘다. 나는 내 직업을 아주 많이 사랑한다.

Q. 말하는 사람은 누구인가?
① 화가
② 디자이너
③ 미용사
④ 메이크업 아티스트

사람들의 머리카락을 자르고 색깔도 바꿔주며 고객들이 헤어스타일에 만족할 때 기쁜 사람의 직업입니다. ④는 화장 전문가를 말합니다.

- look better   더 나아 보이다
- straight hair   곧은 머리카락
- curly   곱슬곱슬한
- be satisfied with ~   ~에 만족하다

30 Script

(Beep)
(M) Hello. I bought a pair of shoes yesterday at your store. I tried them today, and I found a scratch on the left shoe. I'd like to exchange them for new ones. Please let me know if it is possible. My number is 212-6621-7993. I will be waiting for your call.

(삐~)
안녕하세요. 저는 당신네 가게에서 어제 구두 한 켤레를 샀습니다. 오늘 그 구두를 신어 보았는데, 왼쪽 구두에 긁힌 자국이 있는 것을 발견했습니다. 구두를 새 것과 교환하고 싶습니다. 그것이 가능한지 여부를 알려 주세요. 제 전화번호는 212-6621-7993입니다. 당신의 전화를 기다리겠습니다.

Q. 말하는 사람이 하고 싶어 하는 일은 무엇인가?
① 전액 환불 받기
② 디자이너와 이야기하기
③ 구두를 새 것으로 교환하기
④ 구두의 긁힌 자국을 수선시키기

남자가 전화한 용건은 "I'd like to exchange them for new ones."에서 직접적으로 나타나 있습니다. them은 산 구두이고 new ones는 새 구두를

말하는데 구두는 두 짝이 한 세트가 되므로 항상 복수로 표현합니다.

- a pair of shoes   구두 한 켤레
- try   신다, 신어 보다
- scratch   긁힌 자국, 스크래치
- exchange A for B   A를 B와 교환하다
- let me know if ~   ~인지 아닌지 알려 주세요
- possible   가능한
- wait for ~   ~을 기다리다
- refund   환불
- get ~ repaired   ~을 수선하게 하다

Section 2 Reading Part

Part V   본문 64쪽

1. ②   2. ②   3. ①   4. ②   5. ③

김 선생님은 자신의 딸을 위해 장갑 두 켤레를 샀다.

② pair → pairs
'장갑'은 복수로 써서 뒤에 -s를 붙이며 '한 켤레'는 'a pair of gloves'라고 쓰고 두 켤레부터는 'two[three, ...] pairs of gloves'라고 표현합니다.

그녀의 영화는 사람들이 기대했던 것보다 훨씬 더 유명해졌다.

② very → much [still, far, even]
very는 비교급을 수식하지 못해 비교급 앞에 쓰이지 않습니다. 비교급 앞에서 비교급을 수식하는 말은 '훨씬(much, still, far, even), 약간(a little, a little bit) 등이 있습니다.

- much more popular   훨씬 더 유명한
- expect   기대하다

Janet는 피아노를 연주할 때 녹색 드레스를 입은 모습이 아름다워 보였다.

① beautifully → beautiful
'~하게 보이다'라고 표현할 때 부사처럼 해석되지만 look 뒤에는 형용사가 옵니다.

- look + 형용사   ~하게 보이다

나는 요리에 흥미가 있지만 요리를 잘 하지는 못한다.

② cook → cooking
'be interested in'의 in은 전치사이므로 뒤에는 명사나 대명사 혹은 동명사가 오게 됩니다. cook은 명사로 '요리사', 동사로 '요리하다'의 뜻이므로 동명사(동사원형+ing)로 '요리하는 것'이라고 표현해야 합니다.

- be interested in -ing   ~하는 것에 흥미가 있다
- I'm not a good cook.   나는 요리를 잘 하지 못한다., 나는 훌륭한 요리사가 아니다.

수영장은 평일에는 문을 열지만 주말에는 문을 닫는다.

③ close → closes
주어가(the swimming pool)가 중복되어 뒤에서는 생략되었습니다. 주어가 3인칭 단수이므로 앞의 opens처럼 close에 s를 붙여야 합니다.

- on weekdays   평일에는

Part Ⅵ				본문 65쪽
6. ①	7. ④	8. ②	9. ①	10. ①

소방관들은 사람들을 위험한 상황에서 <u>구출한다</u>. 우리는 그들에게 감사해야 한다.
① 구출하다   ② 들어 올리다
③ 가져오다   ④ 가르치다

소방관들이 위험한 상황에서 사람들에게 하는 행동으로 우리가 그들에게 감사해야 할 행동이라면 생명을 구하는 일일 것입니다.

- dangerous   위험한
- situation   상황
- thank   감사하다

시험이 너무 <u>어려워서</u> 나는 문제들 대부분을 풀지 못했다.
① 느려서   ② 부드러워서
③ 따분해서   ④ 어려워서

시험의 문제를 대부분 풀지 못했다면 문제가 어땠을지 자연스러운 표현을 고릅니다.

- couldn't   ~할 수 없었다
- solve   (문제를) 풀다
- most of the ~   대부분의 ~

비가 너무 심하게 내려서 우리는 야구를 할 수 없었다.
① 깊게   ② 심하게   ③ 특별히   ④ 조심스럽게

야구를 할 수 없을 정도로 비가 내렸다면 폭우가 내린 것입니다. '폭우'는 'heavy rain'으로 표현할 수 있는데, 이 문장에서는 rain이 동사니까 이를 수식하기 위해 heavy의 부사가 쓰입니다.

- were not able to ~   ~할 수 없었다

내 여동생은 패션 디자이너이다. 그녀는 멋지고 편안한 <u>옷</u>을 만든다.

① 옷   ② 가위   ③ 가구   ④ 기계

fashion designer가 만드는 것은 '옷'입니다.

- comfortable   편안한

날씨가 아주 추워. 너는 밖에 나갈 때 외투를 <u>입는</u> 것이 좋겠어.
① 입다   ② 들르다
③ 끄다   ④ 문의하다

날씨가 추우니까 밖에 나갈 때 외투를 입도록 충고하는 것이 자연스럽습니다. 외투나 옷 등을 벗을 때는 'take off'라는 표현을 씁니다.

- You'd better (= You had better) ~   너는 ~ 하는 것이 좋다
- go out   밖에 나가다, 외출하다

Part Ⅶ				본문 66~73쪽
11. ③	12. ④	13. ③	14. ②	15. ④
16. ③	17. ④	18. ④	19. ③	20. ④
21. ②	22. ③	23. ②	24. ④	25. ②

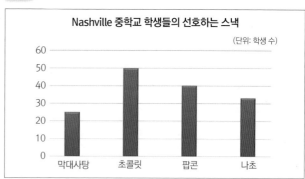

Q. 그래프에 따르면, 다음 중 옳은 것은 무엇인가?
① 팝콘보다 나초를 좋아하는 학생들이 더 많다.
② 막대사탕보다 초콜릿을 좋아하는 학생들이 더 적다.
③ 막대사탕을 좋아하는 학생 수가 가장 적다.
④ 팝콘과 초콜릿을 좋아하는 학생의 수는 같다.

학생들이 가장 좋아한 스낵의 순위를 매기면 초콜릿>팝콘>나초>막대사탕의 순서이므로, ①은 like nachos than popcorn → like popcorn than nachos ②는 Fewer → More로 ④는 More students like chocolate than popcorn. 으로 표현하면 맞습니다.

- lollipop   막대사탕
- the number of ~   ~의 수

Michelle의 14번째 생일을 축하해 주세요!
Wing's Garden으로 와 주세요!
3월 3일 화요일 오후 6시 30분부터 9시까지입니다.
올 수 있는 분들은 Elizabeth에게 648-2100번으로 전화주세요.

Q. 초대장에 언급되지 <u>않은</u> 것은 무엇인가?
① 파티의 소요 시간
② 파티가 열리는 장소
③ 손님들이 전화할 수 있는 전화번호
④ 손님들이 파티에 갖고 와야 하는 것

①은 6:30~9:00에서 알 수 있고 ②는 Wing's Garden이 제시되어 있고 ③ Elizabeth의 전화번호(648-2100)도 나와 있지만 ④ 손님들이 무엇을 갖고 와야 하는지에 대해서는 전혀 언급이 없습니다.

• celebrate   축하하다
• last   계속되다
• be held   열리다, 개최되다

스페셜 쿠폰
작은 사이즈의 야채 샐러드와 청량음료 1캔이 **무료**
패밀리 사이즈 피자를 2개 이상 배달 주문할 때만 가능합니다.
Papa's 피자
매일 11시에 오픈합니다.

Q. 쿠폰에 따르면 무료 청량음료를 어떻게 얻을 수 있는가?
① 야채 샐러드를 주문함으로써
② 오전 11시 이전에 레스토랑에 감으로써
③ 패밀리 사이즈 피자 3개를 배달시킴으로써
④ 레스토랑에서 패밀리 사이즈 피자 1개를 먹음으로써

"when you order 2 or more family size ~"에서 패밀리 사이즈 피자를 2개 이상 배달 주문하면 청량음료 무료 쿠폰을 얻을 수 있다는 것을 알 수 있습니다.

• soft drink   청량음료
• delivery   배달
• get ~ delivered   ~을 배달시키다

어린이들을 위한 여름 무료 미술 강좌

매주 목요일 저녁 7시~8시 30분
6세 ~ 10세 어린이
추가 정보는 웹사이트에서만 얻을 수 있습니다.
www.queensartcenter.org

Q. 다음 중 이 강좌에 대한 내용으로 사실인 것은 무엇인가?
① 10달러의 비용이 든다.
② 매주 목요일에 열린다.
③ 6세 미만의 어린이들만 올 수 있다.
④ 신문에서 관련 정보를 얻을 수 있다.

① 무료(free) 강좌이며 다른 비용에 대한 언급도 없습니다.
② Every Thursday evening에서 목요일 저녁에 열리는 강좌임을 알 수 있습니다.
③ ~ through 10 years에서 10세 어린이까지 수강할 수 있음을 알 수 있습니다.
④ 오직 웹사이트에서만 추가 정보를 얻을 수 있다고 안내하고 있습니다.

• art class   미술 강좌
• through   (~부터) …까지

• cost   ~의 비용이 들다
• take place   (일이) 발생하다
• under   (나이가) ~ 미만의

안녕, Sammy!
우리가 가장 좋아하는 가수 Justin이 이번 주말에 우리 고장으로 온대!
너랑 같이 그의 콘서트에 가고 싶어! 나에게 문자 줘.
4월 16일 오후 12시 33분
Leo 406-510-8675

Q. 문자 메시지를 통해서 알 수 있는 것은 무엇인가?
① Leo는 콘서트 티켓 비용을 지불할 것이다.
② Leo와 Sammy는 같은 학교에 다닌다.
③ Sammy는 전에 Justin의 콘서트에 간 적이 있다.
④ Leo와 Sammy 둘 다 Justin이라는 가수를 좋아한다.

도입부에 "Our favorite singer(우리가 가장 좋아하는 가수)"라고 언급하고 있습니다.

• favorite   가장 좋아하는
• this weekend   이번 주말에
• text   문자 메시지를 보내다
• text message   문자 메시지
• pay for ~   ~의 대금을 지불하다
• have been to ~ before   전에 ~에 가 본 적이 있다

Rachel은 내 언니이고 나를 잘 돌봐준다. 그녀는 일로 바쁘지만 내가 공부하는 것을 도와준다. 내가 뭔가에 대해 의문이 있으면 그녀는 항상 나에게 설명해 준다. 주말에는 그녀는 나에게 빵이나 과자를 구워준다. 가끔 그녀와 나는 함께 기타 연주를 연습한다.

Q. Rachel의 성격을 가장 잘 묘사한 것은 무엇인가?
① 수줍음을 탄다   ② 게으르다
③ 친절하다   ④ 익살맞다

바빠도 내 공부를 도와주고 질문에 항상 성의껏 대답해 주며 먹을 것도 만들어 주는 언니이므로 '친절하다'라는 묘사가 적절합니다.

• take good care of ~   ~를 잘 돌봐주다
• be busy -ing   ~하느라 바쁘다
• help + A + 동사원형   A가 ~하는 것을 도와주다
• explain A to B   A를 B에게 설명해 주다
• all the time   언제나
• on weekends   주말마다 (= every weekend)
• bake   굽다
• practice -ing   ~하는 것을 연습하다
• play the guitar   기타를 연주하다
• together   함께
• shy   수줍어하는
• lazy   게으른

17

> 발신: thomas17@email.com
> 수신: slinda@qmail.edu
> 주제: 그린 호수에서의 캠핑
>
> Linda에게,
> 안녕, 너의 이메일 잘 받았어. 나는 지난 여름 캠핑하러 그린 호수에 갔
> 었어. 만약 거기에 차로 가게 되면, 너의 집에서 45분 정도 걸릴 거야.
> 너는 다른 종류의 꽃과 나무들을 호수 주변에서 볼 수 있어. 그리고 낚
> 시도 즐길 수 있지.
> 너가 거기서 즐거운 시간을 보내기 바라!
>
> Thomas

Q. Thomas는 왜 Linda에게 이메일을 보냈는가?
① 뭔가를 빌리려고
② 그녀와 캠핑을 가려고
③ 그녀를 자기 집에 초대하려고
④ 그녀에게 정보를 주려고

Thomas는 그린 호수에서 즐거운 시간을 보내는 데 도움이 되도록 그린 호수까지의 소요 시간, 거기의 경치, 할 수 있는 일 등을 알려 주고 있습니다.

• receive 받다
• by car 자동차로
• it will take about ~ 대략 ~ 정도 (시간이) 걸릴 것이다
• different kinds of ~ 다른 종류의 ~
• enjoy -ing ~하는 것을 즐기다
• I hope ~ 나는 ~을 바란다
• have fun 즐거운 시간을 보내다
• borrow 빌리다
• go camping 캠핑을 가다
• invite A to B A를 B로 초대하다

18

> 사람들은 어떤 음식이 행운을 가져다 준다고 믿는다. 오스트리아와
> 포르투갈 같은 나라의 사람들은 돼지가 부의 상징이기 때문에 돼지고기
> 를 즐겨 먹는다. 미국인들은 녹색의 야채가 부를 가져다 준다고 믿는데
> 그것은 돈의 색깔이 또한 녹색이기 때문에 그렇다. 그리고 독일인들은
> 생선이 행운을 가져온다고 생각한다. 이탈리아 사람들은 도넛 타입의
> 빵을 즐겨 먹는데 이것은 반지 모양이 인생을 의미한다고 생각하기 때
> 문이다.

Q. 녹색 야채가 부를 가져다 준다고 믿는 사람들은 누구인가?
① 이탈리아인들　　　　　② 독일인들
③ 오스트리아인들　　　　④ 미국인들

음식에 대한 각국 사람들의 믿음과 관련한 이야기를 열거하면서 미국인들은 녹색 야채를 즐겨 먹는데 그 이유는 돈이 녹색이기 때문이라고 소개하고 있습니다.

• people 사람들
• believe 믿다
• bring 가져오다
• luck 운, 행운
• like ~ 같은
• pork 돼지고기

• a symbol of ~ ~의 상징
• wealth 부
• vegetable 야채
• German 독일의; 독일 사람
• mean 의미하다

19

> 당신은 숙제를 할 때, 당신이 해야 하는 것을 적어 두세요. 그런 다음
> 가장 어려운 부분을 먼저 하세요. 만약 일부분을 모르겠으면 그것에 너
> 무 많은 시간을 소모하지 마세요. 당신의 선생님이나 학급 친구들에게
> 도움을 청하세요. 숙제를 하다가 잠깐 휴식을 취하세요. 너무 오랫동안
> 앉아 있으면 피곤해집니다.

Q. 이 글은 주로 무엇에 대한 것인가?
① 휴식을 취해야 하는 이유　　② 휴식을 취할 장소
③ 숙제를 하는 방법　　　　　　④ 숙제를 끝내야 하는 시점

숙제할 때는 해야 할 것들을 적어 둔 후 가장 어려운 부분을 먼저 하며 모르는 것은 나중에 친구나 선생님에게 물어보라고 조언하고 있습니다.

• do one's homework 숙제를 하다
• write down 적어두다, 기입하다
• have to ~ ~해야 한다
• then 그런 다음
• spend A on B A를 B에 소비하다, 소모하다
• ask A for help A에게 도움을 청하다
• take a short break 잠깐 휴식을 취하다
• while ~하는 동안

20~21

> Jacob의 일기
> 오늘 나는 친구와 함께 영화관에 갔다. 우리는 유명한 축구 선수에 관
> 한 영화를 보았다. 나는 이 영화가 아주 재미있고 감동적이어서 정말 좋
> 았다. 나는 이 영화를 다시 보고 싶었다. 하지만 내가 집에 돌아왔을 때
> 나는 내 MP3 플레이어가 없어진 것을 알았다. 나는 내 가방 안을 찾아
> 보았지만 그것은 거기에 없었다.
>
> 　　　　　　　　　　　　　　　　　　　　10월 18일 화요일

20. Jacob은 집에 돌아온 후 어떤 기분이었나?
① 즐겁다　　　② 외롭다　　　③ 신난다　　　④ 걱정된다

21. 일기 내용으로 볼 때 Jacob에 대해 사실이 아닌 것은 무엇인가?
① 그는 화요일에 영화를 한 편 보았다.
② 그는 자기 가방에서 MP3 플레이어를 발견했다.
③ 그는 영화가 감동적이라고 생각했다.
④ 그는 친구와 함께 영화관에 갔다.

20. 재미있는 영화를 보고 집에 돌아왔는데 MP3 플레이어가 없어진 것을 알았고 찾지 못했을 때의 기분을 상상해 봅니다.

21. ① 일기의 날짜가 화요일이고 그날 영화를 보았습니다. ② 가방을 찾아보았으나 없었습니다. (~ but it was not there.) ③ 영화가 interesting하고 touching(감동적인)했다고 회상하고 있습니다. ④ 일기의 첫 문장에 친구와 함께 영화관에 갔다고 쓰여 있습니다.

• famous 유명한
• a lot 많이

- touching 감동적인
- come back home 집에 돌아오다
- lonely 외로운, 고독한
- excited 신난
- worried 걱정하는

아주 재미있는 마라톤이 일본에서 열렸다. 이것은 로봇들을 위한 마라톤이었다. 이런 종류의 경기는 전에 열린 적이 없었다. 대개 직업적인 마라톤 선수들이 코스를 완주하는 데는 대략 2시간 정도 걸린다. 하지만 로봇들이 완주하는 데는 4일이 걸렸다. 로봇들은 필요하면 새 배터리를 넣을 수 있었다. 로봇들이 넘어지면 혼자서 다시 일어났다.

22. 이 글의 제목으로 가장 알맞은 것은 무엇인가?
① 세상에서 가장 빠른 로봇
② 세상에서 가장 위대한 마라톤 선수
③ 세계 최초의 로봇 마라톤
④ 세상에서 가장 재미있는 운동 경기

23. 이 글을 통해 알 수 있는 것은 무엇인가?
① 많은 일본인들은 과학에 흥미가 있다.
② 어느 누구도 로봇이 다시 일어나도록 돕지 않았다.
③ 로봇들은 하루에 2시간 동안 달리기 연습을 한다.
④ 로봇들은 배터리를 스스로 교체했다.

22. 로봇 마라톤 대회가 전에는 열린 적이 없었다고 언급하면서 로봇의 완주 시간, 배터리 교체 등을 포함해 참가한 로봇의 특징을 소개하고 있으므로 최초의 로봇 마라톤에 대한 글로 보는 것이 가장 적절합니다.

23. ① 로봇 마라톤 대회가 세계 최초로 일본에서 열린 것만 갖고는 많은 일본인들이 과학에 관심이 있다고 볼 수는 없습니다. ③은 전혀 언급이 없는 내용이고 ④는 로봇의 배터리를 누가 교체한 것인지 불분명합니다.

- be held 개최되다
- has never been held before 전에 열린 적이 없다
- professional 직업적인
- fall down 넘어지다 (fall-fell-fallen)
- stand up 일어나다
- on one's own 혼자서, 자기 힘으로
- practice -ing ~하는 것을 연습하다
- by oneself 혼자의 힘으로

24~25

Kenneth Grahame은 1859년 3월 8일 영국에서 태어났다. 그는 어린이였을 때, 모험에 대한 이야기 쓰는 것을 아주 좋아했다. Kenneth는 성인이 되자 은행에서 일을 시작했다. 그러나 시간이 있으면 잡지에 이야기를 썼다. 나중에 그는 어린이들을 위한 이야기를 쓰고 싶어 했다. 그가 쓴 최초의 책 〈버드나무 속의 바람〉은 베스트셀러가 되었고 아직까지도 어린이들에게 사랑을 받고 있다.

24. Kenneth Grahame에 대해 언급되지 않은 것은 무엇인가?
① 생일   ② 고국
③ 최초의 책 제목   ④ 어린 시절 이름

25. 이 글을 통해 알 수 있는 것은 무엇인가?
① Kenneth는 많은 잡지를 읽었다.
② 〈버드나무 속의 바람〉은 인기가 있었다.

③ Kenneth는 대학교에서 쓰기 수업을 들었다.
④ 작가는 은행원보다 더 인기 있는 직업이다.

24. ①, ② "~ was born on March 8, 1859, in England"에서 알 수 있습니다. ③ 마지막 문장에 최초의 책 "The Wind in the Willows"가 소개되어 있습니다. ④ 어린 시절에 모험에 대한 이야기 쓰는 것을 좋아했다고 나와 있지만 이름에 대한 언급은 없습니다.

25. 마지막 행에 그가 쓴 "The Wind in the Willows"가 베스트셀러가 되었고 아직까지도 어린이들에게 사랑을 받고 있다고 언급되어 있습니다.

- be born 태어나다
- love -ing ~하는 것을 아주 좋아하다
- adventure 모험
- grow up 성장하다, 어른이 되다
- start -ing ~하기 시작하다
- magazine 잡지
- have time 시간이 있다
- later 나중에, 후에
- willow 버드나무
- still 아직도, 여전히
- home country 고국
- popular 인기 있는

Section 3 Writing Part

Part 8   본문 74~75쪽

1. for   2. old   3. and
4. How many do you want?
5. The woman is riding a horse.

1~3

Reid 교수는 Chaser라는 이름의 개를 3년 1. 동안 훈련시키고 있다. 이 교수는 개의 2. 나이가 불과 5개월밖에 되지 않았을 때 언어 훈련을 시작했다. 이제 Chaser는 200개 이상의 단어를 이해하고 있고 3. 그리고 1,022개의 장난감 이름을 알고 있다. Reid 교수는 "Chaser는 지금까지의 개 중에서 가장 똑똑할 수도 있다"라고 말했다.

1. 빈칸 뒤에 three years라는 말이 있으므로 개를 훈련시켜 온 기간을 나타내는 표현으로 for를 쓰면 됩니다. for는 보통 특정한 숫자로 표현된 기간 앞에 쓰여 '~ (기간, 시간) 동안'의 뜻을 나타냅니다.

2. 개의 나이가 단 5개월이었을 때'라는 표현입니다. 나이는 '~ old'로 표현합니다. (Ex. I am thirteen years old.)

3. 빈칸 앞뒤가 자연스럽게 계속되는 내용으로 이어지고 있으므로 and로 연결합니다.

- have been -ing ~해 오고 있다
- named ~라는 이름의
- begin -ing ~하기 시작하다
- more than ~ ~ 이상의
- might ~일지도 모른다

- the smartest 가장 똑똑한
- ever 지금까지 있었던 (최상급 강조)
- alive 살아있는

A: 도와 드릴까요?
B: 예, 저는 Sunshine Town으로 가는 표를 구하고 싶어요.
A: 알겠어요. 몇 장 드릴까요?
B: 두 장 주세요.

표를 사려는 사람이 "두 장 주세요."라고 대답했으므로 A는 몇 장을 사기를 원하는지를 물어 보았을 것입니다. 즉, How many tickets로 시작해서 주어 you와 '원하다'의 뜻인 want를 넣어야 하는데 want가 일반동사이므로 you 앞에 do를 넣어 줍니다. 무엇을 원하는지 명확하기 때문에 tickets를 생략하기도 합니다.

- I'd like to ~. ~하고 싶습니다.
- for ~로 가는
- How many (tickets) do you want? (티켓을) 몇 장 드릴까요?

여자는 말에 타고 있다.

주어는 The woman, 타고 가고 있으므로 현재진행형 (is riding)으로 씁니다. 말을 타고 가니까 뒤에 목적어 a horse를 넣어 줍니다.

- ride a horse 말을 타다

실전모의고사 2

Section 1 Listening Part

Part I
본문 78~79쪽

1. ③   2. ④   3. ③   4. ④   5. ①

1 Script

① The woman is wearing glasses.
② The woman is paying for a hat.
③ The woman is looking at a map.
④ The woman is inside a building.

① 여자는 안경을 쓰고 있다.
② 여자는 모자 가격을 지불하고 있다.
③ 여자는 지도를 보고 있다.
④ 여자는 건물 안에 있다.

모자를 쓴 여자가 건물 밖에서 지도를 펴서 보고 있습니다.

- pay for ~ ~에 대한 가격을 지불하다
- inside ~의 안에

2 Script

① The two girls are writing in their notebooks.
② The two girls are reading one book together.
③ The two girls are doing homework in the classroom.
④ The two girls are each holding a book in their hands.

① 두 소녀가 그들의 공책에 쓰고 있다.
② 두 소녀가 책 한 권을 같이 읽고 있다.
③ 두 소녀가 교실에서 숙제를 하고 있다.
④ 두 소녀가 각자 손에 책을 한 권씩 들고 있다.

두 소녀가 각자의 책을 펴서 두 손으로 들고 있습니다.

- notebook 공책
- each 각자

3 Script

① Two of the girls are wearing shorts.
② Two of the girls are running in the sand.
③ All of the girls are jumping in the air.
④ All of the girls are swimming at the beach.

① 소녀 중 두 명이 반바지를 입고 있다.
② 소녀 중 두 명이 모래 속을 달리고 있다.
③ 소녀들 모두가 공중으로 점프를 하고 있다.

④ 소녀들 모두가 바닷가에서 수영을 하고 있다.

세 소녀 모두 바닷가에서 반바지를 입고 동시에 공중으로 점프를 하고 있습니다. 손에는 각자 비치볼을 들고 있습니다.

• shorts 반바지
• jump in the air 공중으로 점프를 하다
• beach 바닷가, 해변

4 Script

① There are four lights on the wall.
② There are many dishes on the table.
③ There is a shirt hanging on the chair.
④ There is a framed picture on the wall.

① 벽에 전등이 4개 있다.
② 테이블 위에 접시들이 많이 있다.
③ 의자 위에 셔츠가 걸려 있다.
④ 벽에 액자에 넣은 그림이 한 점 있다.

벽에는 전등이 2개 있고, 테이블 위에는 접시가 하나도 없습니다. 테이블 옆에 의자가 3개 있는데 의자 위에는 아무 것도 걸려 있지 않습니다.

• light 전등
• hang 걸다, 걸리다
• framed 액자에 넣은

5 Script

① One girl is shorter than the other one.
② The two girls are holding their hands together.
③ The two boys are standing between the two girls.
④ The two boys have the same musical instruments.

① 한 소녀는 다른 소녀보다 키가 작다.
② 두 소녀가 그들의 손을 맞잡고 있다.
③ 두 소년이 두 소녀 사이에 서 있다.
④ 두 소년은 같은 악기를 갖고 있다.

두 소년과 두 소녀가 나란히 서 있고 네 사람 모두 손에 각기 다른 악기를 들고 있습니다. 두 소녀의 키가 확연히 차이가 납니다.

• hold their hands together 그들의 손을 맞잡다
• musical instrument 악기

Part II   본문 80쪽

6. ②   7. ②   8. ②   9. ③   10. ①

6 Script

M: You practice very hard.
W: I have to. I have a concert tomorrow.
M: Can I go to see you play at the concert?
W: Yes, you can.

남자: 너 아주 열심히 연습하는구나.
여자: 난 그래야 돼. 내일 콘서트가 있어.
남자: 콘서트 가서 내가 네가 연주하는 것을 봐도 될까?

여자: 응, 그래도 되지.

① 아니, 나는 그렇지 않아.
② 응, 그래도 되지.
③ 응. 나는 그렇게 해야 해.
④ 아니, 너 그러지 않았잖아.

콘서트를 보러 가도 되는지 허락을 구하는 사람에게 허락하거나 허락하지 않는 내용으로 대답합니다. 상대가 Can으로 시작하는 질문을 했으므로 대답할 때 Yes 다음에 can으로 답하는 것이 자연스러운 표현입니다.

• practice 연습하다
• hard 열심히

7 Script

W: You don't look well. Are you sick?
M: I have a cold. I am going to see a doctor tomorrow.
W: What time are you going to see your doctor?
M: I will go at four o'clock.

여자: 너 안색이 좋지 않구나. 아프니?
남자: 나 감기 걸렸어. 내일 병원에 가 볼 거야.
여자: 몇 시에 의사 선생님 진료를 받을 건데?
남자: 나는 4시에 갈 거야.

① 나는 회복되고 있어.
② 나는 4시에 갈 거야.
③ 나는 몸을 따뜻하게 유지할 거야.
④ 나는 약을 먹고 있어.

여자가 몇 시에 진료를 받을 건지 묻고 있으므로 병원에 갈 시간이 몇 시인지로 답합니다.

• get better 나아지다
• take medicine 약을 먹다

8 Script

M: Is that your brother in that picture?
W: Yes. He is my younger brother.
M: He is handsome. What is his name?
W: His name is Jeff.

남자: 사진 속에 저 사람이 네 남동생이니?
여자: 응. 그는 내 남동생이야.
남자: 잘생겼네. 이름이 뭐야?
여자: 그의 이름은 Jeff야.

① 그는 잘 지내고 있어.
② 그의 이름은 Jeff야.
③ 그의 학교가 저기에 있어.
④ 그는 열 살이야.

그의 이름을 묻고 있으므로 His name is ~. 으로 답합니다.

• picture 사진, 그림
• handsome 잘생긴 〈남자에게 사용함〉

9 ▷ Script

W: I am going to see the opera tomorrow.
M: I went to see it yesterday. The theater was hard to find.
W: Can you tell me where it is?
M: It is behind the John's cafe.

여자: 나는 내일 오페라 보러 갈 거야.
남자: 나는 어제 그것을 보러 갔어. 극장을 찾기가 어려웠지.
여자: 극장이 어디에 있는지 말해줄래?
남자: John's cafe 뒤에 있어.

① 나는 멋진 시간을 보냈지.
② 2시에 시작해.
③ John's cafe 뒤에 있어.
④ 너는 친구들과 같이 와도 돼.

위치를 나타내는 말로 자주 쓰이는 표현으로는 behind(~ 뒤에), next to ~ (~ 옆에), in front of ~(~ 앞에), between A and B(A와 B 사이에) 등이 있습니다.

• theater 극장
• behind ~ 뒤에

10 ▷ Script

M: It is so noisy in here.
W: I know. They are having a used book sale today.
M: I hope it is not like this all day.
W: It will end soon.

남자: 여기는 아주 시끄러워.
여자: 알고 있어. 오늘 헌책 할인 판매를 하고 있더라.
남자: 하루종일 이렇지 않아야 하는데.
여자: 곧 끝날 거야.

① 곧 끝날 거야.
② 그들은 책이 많아.
③ 너는 오늘 여기서 책을 살 수 있어.
④ 그들은 매달 책 할인 판매를 하고 있어.

남자는 지금 진행되는 헌책 할인 판매가 빨리 끝나기를 바라고 있으므로 할인 판매의 계속이나 종료에 관련된 대답을 하는 것이 자연스럽습니다.

• noisy 시끄러운
• used 중고의
• like ~ 같은
• all day 하루종일 (= all day long)
• end 끝나다
• every month 매달

Part Ⅲ

본문 81~82쪽

11. ④	12. ②	13. ①	14. ①	15. ④
16. ②	17. ③	18. ④	19. ②	20. ①
21. ③	22. ④	23. ②	24. ④	

11 ▷ Script

M: I have a problem with my shoes.
W: Let me see your shoes. What is the problem?
M: When it rains, water gets inside my shoes.
W: I see where the problem is. It will be five dollars to fix it.

남자: 제 구두에 문제가 있어요.
여자: 제가 구두를 좀 볼게요. 무슨 문제가 있으세요?
남자: 비가 오면, 물이 구두 안으로 들어 와요.
여자: 문제가 어디에 있는지 알겠네요. 수선하는 데 5달러 되겠습니다.

Q. 남자는 지금 어디에 있는가?
① 시장에   ② 선물 가게에
③ 슈퍼마켓에   ④ 구두 수선점에

구두에 문제가 있을 때 가는 장소를 생각해 봅니다. 여자의 마지막 말에 사용된 fix(수선하다, 고치다)에서 결정적 힌트를 얻을 수 있습니다.

• get inside ~ 안으로 들어가다
• fix 수선하다, 고치다 (= repair)

12 ▷ Script

W: I need to go to the Washington Library. Is this the right bus?
M: Yes. You should get off at the next stop.
W: I see. So am I almost there?
M: No. You need to take a shuttle bus at the next stop.

여자: 나는 Washington 도서관에 가야 합니다. 이것이 맞는 버스인가요?
남자: 예. 다음 정거장에서 내리세요.
여자: 알겠어요. 그런데 거의 다 왔나요?
남자: 아니요. 다음 정류장에서 셔틀 버스를 타셔야 합니다.

Q. 여자는 Washington 도서관에 어떻게 갈 것인가?
① 택시로   ② 버스로
③ 기차로   ④ 지하철로

여자는 버스를 맞게 탔는지 확인하고 있고 마지막 말에서 남자는 내려서 셔틀 버스를 또 타라고 말하고 있으므로 버스 외에 다른 교통수단은 이용하지 않을 것입니다.

• right 맞는, 정확한 (↔ wrong)
• get off (버스, 지하철에서) 내리다
• almost 거의

13 ▷ Script

(Rings)
M: Hi, Jane! Do you have time tomorrow?
W: Yes. I just have to work on my homework in the morning.
M: Then can you help me make a poster for the school festival in the afternoon?
W: Sure. Where do you want me to go?

(전화벨이 울린다)
남자: 안녕, Jane! 내일 시간 있니?
여자: 응. 나는 오전에 숙제만 하면 돼.
남자: 그러면 오후에 학교 축제 포스터 만드는 것 좀 도와줄 수 있니?
여자: 알았어. 내가 어디로 가면 돼?

Q. 남자가 여자에게 전화한 이유는 무엇인가?
① 그를 도와 달라고 그녀에게 부탁하려고
② 그녀를 축제에 초대하기 위해서
③ 그녀에게 조언을 좀 해 주려고
④ 그들의 숙제를 같이 하려고

남자는 "Can you help me ~?"라고 도움을 청하고 있고 여자는 "Sure."라며 승낙하고 있습니다.

• work on ~   ~에 노력을 쏟다
• help A + 동사원형   A가 ~하는 것을 도와주다

14 > Script

W: I heard that we have a new student.
M: Yes. She is interested in joining the art club.
W: That's great. We don't have enough students in the art club.
M: You should talk to her today before she joins some other club.

여자: 우리에게 새로 온 학생이 있다고 들었어.
남자: 응. 그녀는 미술 동아리에 가입하는 것에 관심이 있더라.
여자: 잘됐다. 미술 동아리에 학생이 부족한데.
남자: 너 그녀가 다른 동아리에 들기 전에 그녀에게 오늘 말해야 해.

Q. 남자와 여자 사이의 관계로 가장 알맞은 것은 무엇인가?
① 친구   ② 형제 자매
③ 친척   ④ 동료

new student(새로 전학 온 학생)를, art club(미술 동아리)에 가입시키고 싶어 하는 대화 내용으로 볼 때 두 사람은 같은 학교에 다니는 친구일 것입니다.

• in interested in -ing   ~ 하는 것에 관심이 있다
• enough   충분한
• some other   어떤 다른

15 > Script

M: When will you have the new CD from the band "Forever" in stock?
W: It should be available sometime next week.
M: Can I have the store number? I will call sometime next week.
W: Sure. It is 555-3322.

남자: 밴드 "Forever"의 새 CD 재고가 언제 있게 될까요?
여자: 다음 주 중 언제고 사실 수 있을 겁니다.
남자: 가게 번호 좀 알 수 있을까요? 다음 주 쯤에 전화 드릴게요.
여자: 그러세요. 555-3322입니다.

Q. 남자는 누구와 이야기하고 있는가?
① 친구   ② 웨이터
③ 의사   ④ (가게) 점원

CD를 사고 싶은데 재고가 없어 그 CD가 가게에 언제 들어오는지를 묻고 대답하는 대화입니다. 남자는 다음 주 적당한 시간에 전화로 먼저 확인해 보기 위해 전화번호를 알아내고 있습니다.

• in stock   비축되어, 재고로
• should   ~일 것이다 (추측)
• available   구할 수 있는
• sometime   언젠가

16 > Script

W: What time are your friends coming to the party?
M: They will come at two o'clock.
W: Then how early do you want me to be at your house?
M: Just one hour early. I need your help to prepare for the party.

여자: 너의 친구들은 몇 시에 파티에 오니?
남자: 그들은 2시에 올 거야.
여자: 그러면 너는 내가 너의 집에 얼마나 일찍 가면 좋겠니?
남자: 정확히 1시간 일찍. 파티 준비를 위해 너의 도움이 필요해.

Q. 여자는 남자의 집에 언제 갈 것인가?
① 12시에   ② 1시에
③ 2시에   ④ 3시에

친구들은 2시에 올 예정이고 남자는 여자에게 그들보다 "Just one hour early. (정확히 1시간 일찍.)" 와 달라고 말하고 있습니다.

• what time   몇 시에
• how early   얼마나 일찍
• just   정확히
• prepare for ~   ~의 준비를 하다

17 > Script

M: How long will it take for my package to get there?
W: We have one day and three day delivery plans.
M: How much is the one day plan?
W: Let me weigh your package first.

남자: 내 소포가 거기에 도달하려면 얼마나 걸릴까요?
여자: 1일 배달 플랜과 3일 배달 플랜이 있어요.
남자: 1일 플랜은 얼마죠?
여자: 소포 무게를 먼저 달아 볼게요.

Q. 여자가 대화 직후에 하게 될 일은 무엇인가?
① 계획 짜기
② 소포 보내기
③ 소포 무게 달기
④ 소포 배달하기

남자가 소포 보내는 비용을 묻자 여자가 소포의 무게를 먼저 달아보겠다고 했으므로, 바로 이 일을 할 것을 알 수 있습니다.

• How long will it take for A to ~?   A가 ~ 하는 데 얼마나 걸릴까?
• delivery   배달 (cf. deliver   배달하다)
• weigh   무게를 달다; 무게가 ~이다

18 > Script

W: Did you know that the new computer room is open at school?
M: I did not know that. That's great. Can we use the computers there?
W: I hope so. I will ask my teacher now.
M: Let's go together.

여자: 학교에 새 컴퓨터실이 문을 연 것 너 알고 있었니?
남자: 난 그거 몰랐는데. 잘됐다. 우리가 거기에서 컴퓨터를 사용할 수 있니?
여자: 그럴 수 있길 바라. 선생님께 지금 물어봐야지.
남자: 같이 가자.

Q. 남자와 여자는 무엇에 대해 이야기하고 있는가?
① 새로운 선생님
② 새로운 교실
③ 새로운 가게 개업
④ 새로운 컴퓨터실

새 컴퓨터실에서 컴퓨터를 쓸 수 있는지 선생님께 물어보러 가려고 하고 있습니다. "I hope so."는 "I hope we can use the computers there."의 의미입니다.

• I hope so. 그러기를 바라. (cf. I hope not. 그렇지 않기를 바라.)

19 Script

M: The sun is about to set soon. Do you want to go watch the sunset?
W: Let me finish my dinner first. I am very hungry.
M: Okay. Hurry up. It's a quarter to 7 o'clock. I will wait outside.
W: Give me about fifteen minutes. I will meet you outside.

남자: 해가 곧 지려고 해. 가서 일몰 광경 보고 싶니?
여자: 저녁 식사를 먼저 끝낼래. 나는 배가 너무 고파.
남자: 알았어. 서둘러. 7시 15분 전이야. 밖에서 기다릴게.
여자: 나에게 15분쯤 줘. 밖에서 보자.

Q. 지금 몇 시인가?
① 오후 6시 30분
② 오후 6시 45분
③ 오후 7시
④ 오후 7시 15분

a quarter to seven의 to는 before의 의미이고 a quarter는 1/4을 말하니까 '7시 전 15분' 즉 '6시 45분(six forty-five)'을 의미합니다. 여자의 마지막 말에 있는 fifteen minutes는 식사를 위한 시간이므로 지금 시각과는 관련이 없습니다.

• be about to ~ 막 ~하려 하다
• set (해, 달이) 지다
• sunset 일몰

20 Script

W: School starts in two days. How was your winter vacation?
M: It was good. I need to go shopping tomorrow to get ready for school.
W: You should go today. Most stores will be closed on Sunday.
M: That is right. Maybe I should go right now.

여자: 수업이 이틀 후에 시작되는구나. 겨울 방학은 어땠니?
남자: 좋았어요. 수업 준비를 위해 내일 쇼핑을 가야 해요.
여자: 너는 오늘 가야 해. 대부분의 가게들이 일요일에 문을 닫을 거야.
남자: 그렇네요. 아마 지금 바로 가야 할 것 같아요.

Q. 남자는 언제 쇼핑하러 갈 것인가?
① 오늘
② 내일
③ 모레
④ 다음 주 일요일

마지막 말 "I should go right now.(지금 바로 가야 겠어요.)"에서 오늘 가려고 한다는 것을 알 수 있습니다.

• get ready for ~ ~의 준비를 하다

• right now 지금 당장 (= right away)
• the day after tomorrow 모레 (cf. the day before yesterday 그저께)

21 Script

M: We have American Culture Night tomorrow.
W: Your English club has a lot of activities.
M: Yes. American Culture Night is our biggest event for the year.
W: I know. I was there last year. I had a lot of fun.

남자: 우리는 내일 미국 문화의 밤 행사가 있어.
여자: 너의 영어 동아리는 활동이 많구나.
남자: 응. 미국 문화의 밤은 1년 중 가장 큰 행사지.
여자: 알고 있어. 나 작년에 거기 갔었어. 아주 재미있게 보냈는 걸.

Q. 여자는 미국 문화의 밤 행사에 대해 어떻게 느꼈는가?
① 피곤하다   ② 따분하다
③ 신난다   ④ 놀랐다

작년에 거기에 갔었고 재미있었다는 여자의 마지막 말("I had a lot of fun.")에서 미국 문화의 밤 행사를 excited하게 생각하고 있음을 알 수 있습니다.

• culture 문화
• activity 활동; 활발함

22 Script

W: What does your father do for a living?
M: He works at the publishing company. He reviews all the final designs.
W: Is he a designer?
M: No. He is a manager for Men's Golf Magazine.

여자: 너의 아버지는 직업이 뭐니?
남자: 출판사에서 일하셔. 최종적인 디자인들을 다 검토하시지.
여자: 아버지가 디자이너이셔?
남자: 아니. 남성용 골프 잡지의 부장이셔.

Q. 남자 아버지의 직업은 무엇인가?
① 작가   ② 편집자
③ 디자이너   ④ 부장

남자의 아버지는 남자의 마지막 말에서 알 수 있듯이 출판사(publishing company)에서 일하지만 designer(디자이너)도 편집자(editor)도 아닌 관리자, 부장(manager)입니다.

• living 생존, 생계 (직업을 물을 때 'for a living'을 흔히 생략하기도 함)
• publishing company 출판사
• review 재검토하다
• design 계획; 디자인

23 Script

M: How was your trip to Busan?
W: It was great. But it rained for the whole week I was there.
M: I am sorry to hear that. Then it wasn't a good trip?
W: Actually it was. It rained at night most of the time.

남자: 부산 여행은 어땠니?
여자: 아주 좋았어. 그런데 내가 갔던 그 주 내내 비가 왔어.
남자: 그 말을 들으니 안됐네. 그럼 재미있는 여행은 아니었니?
여자: 사실 재미있었어. 비는 대부분 밤에 왔거든.

Q. 여자의 부산 여행은 얼마나 걸렸는가?
① 3일   ② 1주일
③ 2주일   ④ 한 달

the whole week(1주일 내내) 비가 왔다는 남자의 말에서 여행 기간이 1주일이었음을 알 수 있습니다. it wasn't a good trip?(재미있는 여행이 아니었니?)으로 부정문을 사용해 물어도 재미있었다고 대답하려면 Yes를 써야 합니다.(No를 쓰면 재미없었다는 의미가 됨)

• whole   전체의, 전부의
• most of the time   대체로, 대부분(의 시간에)

24 ▷ Script

W: Eric, should I put the class schedule on the left side of the chalkboard?
M: No. Our teacher will put a calendar on that side.
W: Okay. Then I will put the schedule on the right side.
M: Sure. Make sure not to put the class schedule too high.

여자: Eric, 내가 수업 시간표를 칠판 왼쪽에 두어야 할까?
남자: 아니. 우리 선생님이 달력을 그 쪽에 놓으실 거야.
여자: 알겠어. 그러면 시간표를 오른쪽에 놓아야지.
남자: 그래. 시간표를 너무 높이 두지 않도록 해.

Q. 수업 시간표는 어디에 놓여질 것인가?
① 달력 위에
② 달력 옆에
③ 칠판 왼쪽에
④ 칠판 오른쪽에

처음에 칠판 왼쪽을 고려했는데 선생님이 달력을 그 쪽에(on that side) 둘 거라고 해서 (칠판의) 오른쪽에(on the right side) 두기로 하였습니다.

• class schedule   수업 시간표
• chalkboard   칠판
• above   ~ 위에

Part IV   본문 83쪽

25. ③   26. ④   27. ②   28. ④   29. ④
30. ②

25 ▷ Script

(M) I will give you some information about my trip to Italy. I highly recommend a trip there. Three cities that I visited are Rome, Venice, and Florence. Rome is the capital of Italy. Venice is a unique city built on water. Florence has several interesting museums with many famous paintings.

나의 이탈리아 여행에 대해 정보를 좀 줄게. 거기로 여행하는 것을 강력 추천해. 내가 방문한 세 개의 도시는 로마, 베니스, 그리고 피렌체야. 로마는 이탈리아의 수도야. 베니스는 물 위에 세워진 독특한 도시이지. 피렌체에는 유명한 그림을 많이 소장하고 있는 재미있는 박물관들이 몇 개 있어.

Q. 말하는 사람이 언급한 도시가 아닌 것은 무엇인가?
① 로마   ② 베니스
③ 베로나   ④ 피렌체

말하는 사람은 Rome, Venice, Florence를 추천하며 각 도시의 특징을 간단히 덧붙이고 있습니다. Rome은 '로마', Venice는 '베네치아', Florence는 '피렌체'의 영어식 표현입니다.

• highly   크게, 대단히
• recommend   추천하다

26 ▷ Script

(W) This week will be full of school activities. Thursday is the girls' field trip to the zoo. Boys will remain at school to help rearrange the classrooms. Friday is the boys' field trip to the museum. Girls will be at school to draw paintings to decorate the school. I will send an email to all of you about the school activities.

이번 주는 학교 활동으로 꽉 차게 될 겁니다. 목요일에는 여학생들이 동물원으로 현장학습을 갑니다. 남학생들은 교실 재배치를 돕기 위해 학교에 남게 될 것입니다. 금요일에는 남학생들이 박물관으로 현장학습을 갑니다. 여학생들은 학교 장식을 위해 학교에 남아 그림을 그릴 예정입니다. 나는 여러분 모두에게 학교 활동에 대한 이메일을 보내 드리겠습니다.

Q. 남학생들은 목요일에 무엇을 할 예정인가?
① 동물원으로 현장학습 가기
② 학교 장식을 위해 그림 그리기
③ 박물관으로 현장학습 가기
④ 학교 교실 재배치 돕기

목요일과 금요일 스케줄이 소개되고 있고, 목요일 스케줄은 두 번째와 세 번째 문장에서 the girls' field trip ~; Boys will remain ~ rearrange the classrooms.라고 언급되어 있습니다.

• be full of ~   ~로 가득 차다
• field trip   현장학습
• remain   (떠나지 않고) 남아 있다
• rearrange   재배치[재배열]하다
• decorate   장식하다
• send A to B   A를 B에게 보내다 (= send B A)
• go on   (여행 등을) 떠나다

27 ▷ Script

(M) Hello, everyone! During the summer vacation, we will have a new school library schedule. During weekdays, the school library will be open from 9:00 AM to 5:00 PM. On Saturdays, it will open from 7:00 AM to 11:00 PM. You can come to our school library to study over the summer. The library will be closed on Sundays.

여러분, 안녕하세요! 여름 방학 동안 학교 도서관 스케줄이 새로워집니다. 평일에는 학교 도서관이 오전 9시에서 오후 5시까지 문을 엽니다. 토요일에는 오전 7시에서 밤 11시까지 문을 엽니다. 여름 동안 공부를 하러 학교 도서관에 오셔도 됩니다. 도서관은 일요일에는 문을 닫습니다.

Q. 도서관이 가장 오래 문을 여는 때는 언제인가?
① 일요일에
② 토요일에
③ 월요일에서 금요일까지
④ 토요일에서 일요일까지

평일(weekday)에는 오전 9시 ~ 오후 5시; 토요일에는 오전 7시 ~ 오후 11시, 일요일에는 휴관합니다.

- weekday 평일 〈월요일 ~ 금요일까지〉
- over the summer 여름 동안

28 Script

(W) Welcome to Fresh Market. We have special sales this week. On Monday, eggs and milk will be on sale. On Tuesday and Wednesday, all drinks will be on sale. On Thursday, all meats will be on sale. Remember! We will have all our items on sale on Friday. Thank you for shopping at Fresh Market.

프레시 마트에 오신 것을 환영합니다. 이번 주에 특별 할인 판매를 합니다. 월요일에는 계란과 우유가 할인되고요. 화요일과 수요일에는 모든 음료에 대해 세일을 합니다. 목요일에는 모든 고기를 할인 판매됩니다. 기억하세요! 금요일에는 모든 품목에 대해 세일을 합니다. 프레시 마켓에서 쇼핑을 해 주셔서 감사드립니다.

Q. 월요일에 할인 판매를 하는 품목은 무엇인가?
① 고기 ② 음료
③ 전 품목 ④ 계란과 우유

가장 처음에 소개되고 있는 할인 품목입니다. 금요일에는 전 품목에 대해 할인을 하고 월~목은 요일별로 다른데 월요일에는 eggs와 milk가 할인된다고 언급하고 있습니다.

- sale 할인 판매; 판매
- on sale 할인 판매 중인; 판매 중인

29 Script

(M) Attention, all passengers on flight 100. The flight to California will be delayed because of bad weather. Its departure time was at 8 o'clock. The new departure will be at midnight, 12 o'clock. We apologize for this inconvenience. Depending on the weather, the departure time may change again. Please remain at the airport. We will notify all passengers for any changes. Thank you.

100 항공편을 이용하시는 승객 여러분께 알려드립니다. 캘리포니아행 항공편이 날씨가 좋지 않아 지연되겠습니다. 출발 시간은 8시였습니다. 새로운 출발 시간은 자정 즉 12시입니다. 불편을 끼쳐 드려 죄송합니다. 날씨에 따라 출발 시간이 다시 변경될 수도 있습니다. 공항에 남아 계시기 바랍니다. 어떤 변화라도 생기면 모든 승객 여러분께 알려 드리겠습니다. 감사합니다.

Q. 왜 승객들은 공항에 머물러 있어야 하는가?
① 폭풍을 피하기 위해
② 수하물을 감시하기 위해
③ 다른 항공편으로 바꾸기 위해
④ 스케줄 변동에 대한 정보를 더 얻기 위해

나쁜 날씨로 비행기 출발 시간이 연기되었다(delayed)는 공항의 안내 방송입니다. 8시에서 자정으로 변경되었으며 날씨에 따라 또 변경될 수 있으니 공항에 머물러 있으라고(Please remain at the airport.) 안내하고 있습니다.

- attention 주의, 주목
- passenger 승객
- departure 출발 (↔ arrival 도착)
- midnight 자정, 밤 12시 (cf. noon 정오)
- inconvenience 불편 (↔ convenience)
- depend on ~ ~에 의존하다
- remain (떠나지 않고) 남아있다

- notify 알리다, 통지하다
- avoid 피하다

30 Script

(W) I have been writing a journal every day since I was seven years old. I want all of you to start writing a journal. You can try to write it in English. It will improve your vocabulary skills. Also it will help your writing skills. In the future, it can be a gift to yourself that brings back your memories.

나는 7살 때부터 매일 일기를 써 오고 있습니다. 나는 여러분들 모두가 일기 쓰는 것을 시작했으면 합니다. 여러분들은 일기를 영어로 쓰도록 시도해 볼 수 있습니다. 그것은 여러분의 어휘력을 향상시켜 줄 것입니다. 또한 쓰기 능력도 도와줄 겁니다. 미래에 이것은 여러분 자신에게 여러분의 추억을 되살리는 선물이 될 수 있습니다.

Q. 일기 쓰는 것에 관해 언급되지 않은 것은 무엇인가?
① 추억을 되살려 준다.
② 친구들에게 선물이 될 수 있다.
③ 쓰기 능력을 향상시킨다.
④ 어휘력을 향상시켜 준다.

일기를 영어로 쓰도록 권장하면서 세 가지 부문에서 장점 (vocabulary skills과 writing skills 향상; bring back memories)을 들고 있습니다. ②는 추억을 되살려 줄 수 있어 자기 자신에게 선물이 된다고 했으므로 적절하지 않습니다.

- have been -ing ~을 계속 해오고 있다
- journal 일기 (= diary)
- since ~ 이래
- start -ing ~ 하는 것을 시작하다
- in English 영어로
- improve 향상시키다, 개선시키다
- vocabulary 어휘
- in the future 미래에, 장래에
- bring back 기억나게 하다, 상기시키다
- memory 기억, 추억

Section 2 Reading Part

Part V				본문 84쪽
1. ①	2. ③	3. ③	4. ①	5. ①

1

그는 저녁에 텔레비전 시청하는 것을 좋아한다./좋아했다

① like → likes 또는 liked
주어 He는 3인칭 단수입니다. 때를 나타내는 특정한 표현이 없으므로 현재형으로도 과거형으로도 표현할 수 있습니다. 현재시제로 쓸 때는 동사 like에 s를 붙이고 과거시제로 쓸 때는 과거형 liked를 써야 합니다. (like-liked-liked)

- like -ing ~하는 것을 좋아하다 (= like to ~)
- watch television 텔레비전을 시청하다

너에게 벽에 페인트를 칠하는 가장 좋은 방법을 보여 줄게.

③ painting → to paint
'~하는 가장 좋은 방법'은 'the best way to +동사원형'으로 표현합니다.
(Ex. Which way is the best way to learn English?)

• show A B   A에게 B를 보여 주다
• paint   페인트 칠을 하다

서울은 내가 작년에 방문한 가장 아름다운 도시이다.

③ visit → visited
last year(작년에)는 과거의 시점을 나타내므로 동사(visit)도 과거형으로 써야 합니다. (visit- visited- visited)

• the most beautiful   가장 아름다운

이번 학기에 내 드라마 수업에서 영어가 사용된다.

① are → is
주어 'English'는 단수로 취급되며 3인칭입니다.

• class   수업
• semester   학기

선생님은 이제부터 그가 더 잘할 수 있도록 기꺼이(기분좋게) 동기를 부여했다.

① cheerful → cheerfully
이 문장의 동사는 motivated이고 cheerful은 동사를 수식해야 하므로 형용사(cheerful)가 아닌 부사(cheerfully)를 써야 합니다.

• motivate A to ~   A에게 ~하도록 동기를 부여하다
• from now on   지금부터

Part VI				본문 85쪽
6. ③	7. ②	8. ②	9. ④	10. ③

엄마가 더러운 얼룩들을 물로 씻어 지우셨다.
① ~에 대해 적었다   ② 잠이 깼다
③ 물로 씻어냈다   ④ 닫았다

'더러운 얼룩'과 자연스럽게 연결되는 말은 'wash off(물로 씻어 지우다)'입니다. wash off의 off는 '제거'를 나타냅니다 (ex. dust off: 먼지를 털어내다)

• spot   얼룩
• wake up   깨우다 (wake-woke-woken)

• wash off   물로 씻어 지우다
• close down   폐쇄하다

나의 선생님은 내 영어 프로젝트에 훌륭한 점수를 주셨다.
① 시간   ② 점수; 등급; 학년
③ 숙제   ④ 연습

grade는 대략 3가지 뜻으로 자주 사용됩니다
① 점수 (ex. get good grades: 좋은 점수를 받다) ② 등급 (ex. grade B milk: B 등급 우유), ③ 학년 (Ex. What grade are you in?: 너 몇 학년이니?)

• excellent   탁월한, 뛰어난
• give A to B   A를 B에게 주다 (give-gave-given)

나는 집에 돌아가기 전에 30분 동안 운동을 한다.
① 사다
② 사다, 돌아가다
③ 주다
④ 공부하다

'집으로 ~하기' 전에 30분 동안 운동을 한다면 빈칸에는 '돌아가다'의 표현이 가장 적절합니다.

• exercise   운동하다 (= do exercise)
• before   ~하기 전에
• get back home   집으로 돌아가다

그는 얇게 썬 바나나들로 케이크를 완전히 덮었다.
① 슬프게   ② 서툴게; 대단히; 나쁘게
③ 강하게   ④ 완전히

②, ③도 경우에 따라서는 가능한 표현이지만 가장 자연스러운 표현은 ④입니다.

• cover A with B   A를 B로 덮다
• sliced   얇게 썬

John은 수학에 관해서는 똑똑하지만 과학에 관해서는 그다지 총명하지 않다.
① 큰   ② 어린
③ 똑똑한, 영리한   ④ 서툰

주어진 문장이 but으로 연결되므로 but의 앞과 뒤에는 상반된 내용이 오는 것이 자연스럽습니다.
과학에 관해서는 'not too intelligent(그다지 총명하지 않은)' 모습을 보여 준다면 수학에 관해서는 '똑똑한' 모습을 보여 줄 것입니다.

• when it comes to ~   ~에 관한 한, ~에 대해서는
• not too   별로 ~아닌
• intelligent   총명한, 머리가 좋은

Part VII				본문 86~93쪽
11. ④	12. ④	13. ④	14. ③	15. ④
16. ③	17. ③	18. ④	19. ③	20. ④
21. ④	22. ②	23. ②	24. ③	25. ③

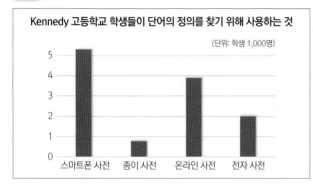

Kennedy 고등학교 학생들이 단어의 정의를 찾기 위해 사용하는 것

(단위: 학생 1,000명)

스마트폰 사전 / 종이 사전 / 온라인 사전 / 전자 사전

Q. 그래프에 따르면, 사실이 아닌 것은 무엇인가?
① 2,000명의 학생들이 전자 사전을 사용한다.
② 온라인 사전보다 종이 사전을 사용하는 학생들이 더 적다.
③ 스마트폰 사전이 학생들 사이에서 가장 인기가 높다.
④ 단어를 찾는 가장 인기가 적은 방식은 전자사전이다.

5,000명이 넘는 학생들이 사용하는 스마트폰 사전이 1위이고 그 다음이 4,000명이 조금 안되는 학생들이 사용하는 온라인 사전입니다. 다음으로는 전자 사전인데 2,000명의 학생들에 의해 사용되고 있고 종이 사전은 1,000명도 사용하고 있지 않아 가장 인기가 적습니다.

- definition 정의, 의미
- dictionary 사전
- among ~들에게서, ~들 사이에서
- fewer 더 적은
- electronic 전자의
- the least popular 가장 인기가 낮은
- way to ~ ~하는 방법
- look up 사전을 찾다

최고의 선물
어머니의 날 특선
아름다운 꽃 선물이 단 24달러 99센트
어머니의 날까지 유효
(323) 456-4560
North Street 100, Suite 107

Q. 광고를 통해 알 수 있는 것은 무엇인가?
① 아름다운 선물을 위한 하루 할인 판매
② 가게에서 파는 꽃의 종류
③ 가게의 홈페이지 주소
④ 어머니의 날을 위한 꽃의 특별가

광고는 어머니날의 선물로 쓰일 꽃을 할인 판매한다는 것으로 가격(24달러 99센트)과 유효 기간(어머니날까지), 그리고 주소와 전화번호 외에는 다른 정보를 제시하지 않고 있습니다.

- special 특별 상품, 특별한 것
- good 유효한
- until ~때까지

오늘의 점심 메뉴
평일 오전 11시 ~ 오후 3시
아래의 음식 중에서 하나를 고르세요.

*아보카도를 곁들인 햄버거 스테이크
*매콤한 바비큐 닭 날개
*튀긴 생선 부리토

무료 주스나 우유

Q. 메뉴에 따르면, 사실인 것은 무엇인가?
① 메뉴는 저녁 식사용이다.
② 메뉴는 특별 코스 요리를 소개하고 있다.
③ 레스토랑은 음료로 주스만 제공한다.
④ 고를 수 있는 메뉴는 세 가지이다.

① 점심 메뉴를 소개하고 있으며 ② 코스 요리가 아닌 세 가지 음식 중에 하나를 고르는 것이며 ③ 음료는 주스나 우유 중 하나를 무료로 마실 수 있습니다.

- weekday 평일 (cf. weekend 주말)
- below 아래의
- avocado 아보카도 〈열대 과일의 일종〉
- spicy 매콤한
- burrito 부리또 〈스페인 음식의 일종〉

메시지

수신: Mrs. Johnson
날짜: 4월 2일   시간: 12시 (오후)
전화: 761-5418
휴대전화:

전화 옴		전화 주기 바람	
방문함		다시 전화하겠음	
만나기를 원함	×	긴급함	
답신 전화 옴		특별한 관심 바람	

메시지: Tim은 주어진 프로젝트를 수행하기 위해 당신의 도움을 필요로 하며 개인 지도교수를 원하고 있습니다.

Q 메시지를 통해서 알 수 없는 것은 무엇인가?
① Mrs. Johnson에게 왔다.
② 4월2일에 썼다.
③ Mrs. Johnson은 Tim의 개인 지도 교수이다.
④ Tim은 Johnson 부인의 도움이 필요하다.

연구 프로젝트를 수행하기 위해 Mrs. Johnson의 도움을 필요로 하며 개인 지도 교수를 원한다는 내용으로 보아 이 메시지는 대학교에서 작성된 것으로 보입니다.

- assigned 할당된
- tutor 개인 지도 교수 [교사]

보내는 사람: Susan(susan123@email.com)
받는 사람: Eric(eric0503@email.com)
제목: 도서관 카드

안녕, Eric!
오늘 도서관 카드를 신청하려고 했는데 하지 못했어. 그것을 만들려면 학생증이 필요한데 내 것을 학교에 두고 왔거든. 도서관에 가서 내가 책 빌리는 것 좀 도와줄 수 있니?
고마워
Susan

Q. 왜 Susan은 도서관 카드를 얻지 못했는가?
① Eric은 거기에 그녀와 함께 있지 않았다.
② 그녀는 학교에 가지 못했다.
③ 도서관은 컴퓨터 문제가 있었다.
④ 그녀는 학생증이 없었다.

자신의 학생증을 학교에 두고 와서(I left mine at school) 도서관 카드를 만들지 못한 Susan이 Eric에게 보낸 이메일입니다.

• apply for   (증명서 등의 발급을) 신청하다
• ID card   신분증 (= identification card)
• borrow   빌리다

홋카이도는 일본에서 두 번째로 큰 섬이다. 이 섬은 이 나라의 주요 섬인 동시에 가장 큰 섬인 혼슈와 연결되어 있다. 홋카이도에서 가장 큰 도시인 삿포로가 이 섬의 중심지이다. 홋카이도는 시원한 여름과 얼음에 뒤덮인 겨울로 유명하다. 겨울에는 막대한 양의 눈이 산을 덮는다. 홋카이도는 눈 스포츠 때문에 일본에서 가장 인기있는 지역 중 하나이다.

Q. 홋카이도에 관한 내용 중 사실이 아닌 것은 무엇인가?
① 삿포르는 홋카이도의 수도이다.
② 홋카이도는 눈 스포츠로 유명하다.
③ 홋카이도는 여름에 덥고 겨울에 춥다.
④ 홋카이도는 일본에서 두 번째로 큰 섬이다.

네 번째 문장의 Hokkaido is known for its cool summers and icy winters. 에서 홋카이도의 여름과 겨울의 특징이 나타나 있습니다.

• be connected to ~   ~와 연결되어 있다
• capital   수도, 중심지
• be known for ~   ~로 유명하다
• icy   얼음에 뒤덮인, 얼음같이 찬
• huge   막대한, 엄청난
• quantity   양, 분량 (pl. quantities)
• region   지역

오늘 나는 중간고사를 봤지만 잘 보지 못했다. 나는 열심히 공부했지만 약간 실수를 했다. 책에서 나온 질문 중 대부분에 대해서는 대답할 수 있었지만 노트 필기를 복습하는 것을 잊었다. 다음 시험은 마지막 시험이다. 나는 다음 시험에서 A학점을 받기 위해 책과 노트 필기 둘 다에서 나오는 질문을 공부해야 한다.

Q. 글쓴이는 더 좋은 점수를 얻기 위해 무엇을 할까요?
① 책 전체를 읽기
② 선생님들께 도움을 청하기
③ 책과 노트 필기한 것에서 질문을 공부하기
④ 오직 책에 있는 문제만 모두 다 풀어보기

이번 시험에서는 책에서 나온 것은 대부분 해결했는데 노트 필기한 것을 놓쳐서 아쉬워 하고 있습니다. 다음 시험에서는 둘 다 대비를 철저히 해서 A학점을 받고자 다짐하는 글입니다.

• a mid-term test   중간고사
• do well   잘 하다
• make a few mistakes   약간의 실수를 하다
• most of the + 복수명사   대부분의 ~들
• review   복습하다
• notes   노트 필기
• both A and B   A와 B 둘 다
• get an A score   A학점을 받다

미국에서 조종사 면허를 따기 위해서는 먼저 당신은 기본 건강 검진에 통과해야 한다. 두 번째로는 자격증이 있는 비행 강사에게서 강습을 받아야 한다. 세 번째로 100문제가 담긴 필기 시험에 통과해야 한다. 마지막으로, 혼자 수행하는 비행을 완수해야 한다. 이 모든 필수적인 단계를 마치면 당신은 조종사 면허증을 받게 될 것이다.

Q. 조종사 면허증을 얻기 위해 요구되지 않는 것은 무엇인가?
① 단독 비행   ② 필기 시험
③ 건강 검진   ④ 체력 테스트

모두 4 단계의 필수 과정을 소개하고 있습니다.
(건강 검진 → 강습 받기 → 필기 시험 → 단독 비행)

• earn   얻다
• pass   합격하다, 통과하다
• basic   기본적인
• medical exam   건강 검진
• certificated   자격[면허]증이 있는
• instructor   강사
• written exam   필기 시험
• finally   마지막으로; 드디어
• complete   완료하다
• solo   혼자서 하는, 단독의
• required   필수의

수영은 현대의 하계 올림픽때마다 관심을 갖고 지켜볼 인기있는 스포츠였다. 하계 올림픽은 1896년에 남자 수영과 함께 시작했고 1912년 이후 여성들에게도 개방되었다. 체조, 트랙과 필드 경기처럼 수영은 다른 대회가 많다. 미국은 최고의 성과를 보여 주었고 지금까지 수영에서 214개의 금메달을 땄다.

Q. 이 글의 내용으로 사실인 것은 무엇인가?
① 수영은 국제적인 대회가 많지 않다.
② 여자 수영은 가장 인기있는 스포츠가 되었다.
③ 남자 수영은 여자 수영보다 먼저 올림픽에 들어왔다.
④ 미국은 여자 수영에서만 214개의 올림픽 금메달을 땄다.

① 수영은 체조, 육상의 트랙이나 필드 경기처럼 올림픽 외에도 국제 경기가 많았습니다. ② 언급이 없어 알 수 없습니다. ③ 남자 수영은 올림픽 시작(1896년) 때부터 종목으로 채택되었지만 여자 수영은 1912년에 채택되었습니다. ④ 올림픽과 다른 국제대회를 합쳐 214개의 금메달을 땄습니다.

- open 열려져 있는, 개방된
- gymnastics 체조
- performance 실적, 성과
- so far 지금까지
- earn 얻다 (earn-earned-earned)

20~21

Jeff는 자신의 두 마리 개를 사랑한다. 그 개 두 마리는 모두 Beagle이다. Beagle은 사냥개이고 아주 활동적이다. Jeff는 그들과 함께 밖에서 놀기를 아주 좋아한다. 그가 가장 좋아하는 만화 캐릭터인 "Peanuts"의 스누피도 또한 Beagle이다. 일반적으로 Beagle들은 자주 짖고 시끄러운 소리를 내지만 그의 개들은 집 안에서는 아주 조용하다. 이런 점들이 Jeff가 자기 개들을 사랑하는 이유이다.

20. 이 글은 주로 무엇에 관한 것인가?
① Beagle의 정상적인 행동
② 다른 사람들에 대한 Jeff의 개들의 친절함
③ 문제거리를 절대 일으키지 않는 Jeff의 개들
④ Jeff가 자기 개들을 사랑하는 여러 가지 이유

21. Jeff의 개들은 다른 Beagle과 어떻게 다른가?
① 아주 비활동적이다.
② 실내에서 놀기를 좋아한다.
③ 사냥에 이용된다.
④ 집 안에서는 짖지 않는다.

20. 첫 번째 문장에서 Jeff가 자기 개를 사랑한다고 전제하고 사랑하는 이유를 소개한 뒤 그런 이유로 사랑한다고 끝맺음을 하고 있습니다.

21. Jeff의 개들은 일반적인 Beagle의 특징(사냥개이며 활동적)을 갖고 있으면서도 집안에서는 아주 조용한 것이 특징입니다.

- cartoon character 만화 캐릭터
- peanut 땅콩
- typically 보통, 일반적으로, 전형적으로
- normal 평범한, 정상적인
- behavior 행실, 품행
- reason 이유
- inactive 활동하지 않는
- indoors 실내에서
- bark (개가) 짖다

22~23

독일 통일의 날은 10월에 기념하는 독일의 공휴일이다. 이 날은 1989년에 베를린 장벽이 무너진 후 동독과 서독이 통일된 것을 기념한다. 매년 이 나라 도처의 여러 도시는 Bügerfests라고 불리는 기념식과 축제를 함께 하면서 독일 통일의 날을 기념한다. 이날, 독일 역사와 베를린 장벽의 붕괴에 대해 사람들에게 교육시키기 위해 많은 영화와 다큐멘터리물이 TV로 방영된다.

22. 이 글의 제목으로 가장 알맞은 것은 무엇인가?
① 독일의 공휴일들

② 독일 통일의 날
③ 독일의 역사
④ 베를린 장벽의 붕괴

23. 독일 사람들이 독일 통일의 날을 기념하기 위해서 하는 일이 아닌 것은 무엇인가?
① Bügerfests 축제에 참가하기
② 베를린 장벽 앞에 모이기
③ 독일 역사에 대한 영화를 보기
④ 베를린 장벽 붕괴에 대해 사람들을 교육시키기

22. '독일 통일의 날(German Unity Day)'의 유래와 의미, 그리고 이 날 열리는 행사 등을 소개하고 있습니다.

23. 독일인들은 이날 Bügerfests라 불리는 기념식과 축제에 참가하며 독일 역사와 베를린 장벽 붕괴에 대한 영화와 다큐멘터리를 시청합니다.

- German 독일의 (cf. Germany 독일)
- unity 통합, 통일
- reunite 재결합하다
- fall 붕괴, 몰락
- various 여럿의, 다양한
- around 도처에
- celebrate 기념하다
- ceremony 기념식, 의식
- educate 교육시키다
- get together 모이다

24~25

1955년에 Ohio에서 태어난 육상의 트랙과 필드 부문 선수 Edwin Moses는 올림픽 금메달리스트가 되었다. 그는 어린 나이때부터 스포츠에서 성공을 거두었다. Moses는 세계 기록을 여러 번 깼고 금메달을 두 개 땄다. 운동선수로서의 경력 이후 운동선수들을 위한 약물 검사 프로그램을 만들었다. 그는 선수들이 대회 기간 동안 경기력을 향상시키는 약물을 사용하는 것을 방지하기 위한 약물 검사 개발에 착수했던 것이다. 많은 사람들은 선수들 사이에서 스포츠에 약물 사용을 중단시키기 위해 최초로 시도된 행동이었다고 말하고 있다.

24. Edwin Moses를 가장 잘 설명한 말은 무엇인가?
① 친절하다
② 엄격하다
③ 선도적이다
④ 명랑하다

25. Edwin Moses에 대해 알 수 없는 것은 무엇인가?
① 약물 검사를 만들었다.
② 올림픽 선수였다.
③ 가난한 배경 출신이었다.
④ 선수로서 성공적인 경력을 가졌다.

24. Edwin Moses는 선수로서도 훌륭했지만 더욱 주목되는 것은 아무도 하지 않았던 약물 검사 프로그램 개발을 시도했다는 점입니다. 그런 Moses를 가장 잘 설명하는 단어를 고릅니다.

25. 본문에 Moses의 집안이나 개인적 특성, 성장 배경 등에 대해서는 어떤 언급도 없습니다.

- athlete 운동 선수
- successful 성공적인

- break (기록을) 깨다 (break-broke-broken)
- record 기록
- multiple times 여러 번
- create 창조[창작]하다
- drug 약물, 마약
- development 개발, 발전
- stop A from -ing A가 ~하지 못하게 막다
- competition 대회, 경쟁
- attempted 시도한

- practice 연습하다
- day and night 밤낮으로

여자가 물을 마시고 있다.

주어는 'The woman', 동사는 현재진행형이니까 is drinking, 뒤에 목적어 water를 붙이세요.

- drink 마시다; 음료

Section 3 Writing Part

Part Ⅷ   본문 94~95쪽

1. is   2. and   3. the
4. When does it start?
5. The woman is drinking water.

> 아버지는 나에게 낚시를 가르쳐 주셨다. 낚시는 재미 1. 있다. 아버지 2. 와 나는 낚시를 하러 많은 다른 호수에 갔다. 내가 가장 좋아하는 장소는 얼바인 호수인데 그 이유는 거기서 많은 종류의 물고기를 잡을 수 있기 때문이다. 나는 또한 그 호수에서 3. 가장 큰 연어도 잡았다. 나는 자연 환경을 좋아하고 아버지와 같이 여행하는 것이 좋기 때문에 낚시하러 가는 것을 정말 좋아한다.

1. 주어(Fishing) 뒤에 보어(fun)가 있습니다. 이 사이에는 be동사가 필요한데 Fishing은 단수로 받으니까 is가 옵니다.

2. 동사는 went이고 그 앞의 주어 자리에 있는 My father와 I를 이어주는 말은 and입니다.

3. 최상급의 형용사 앞에는 the를 씁니다.

- teach A B A에게 B를 가르치다 (teach-taught-taught)
- fishing 낚시
- different 다른
- place 장소
- salmon 연어
- natural 자연의, 천연의
- surroundings 환경
- travel 여행하다

4

A: 나는 네가 이번 토요일에 콘서트가 있다고 들었어.
B: 응, 맞아. 나는 콘서트를 위해 밤낮으로 연습하고 있어.
A: 좋았어. 콘서트가 언제 시작하지?
B: 7시에 시작해.

마지막 말에서 B가 "7시에 시작해."라고 대답하고 있으므로 언제 시작하는지 묻는 말이 와야 합니다. 의문사(when)가 있는 의문문이므로 일반동사 앞에 do나 does가 와야 하는데 주어(it)가 단수이므로 When does it start?가 됩니다.

실전모의고사 3

Part I				본문 98~99쪽
1. ③	2. ④	3. ④	4. ①	5. ①

1 ▷ Script

① The girl is drinking milk.
② The girl is holding a cup.
③ The girl is reading a book.
④ The girl is preparing breakfast.

① 소녀는 우유를 마시고 있다.
② 소녀는 컵을 하나 들고 있다.
③ 소녀는 책을 읽고 있다.
④ 소녀는 아침 식사를 준비하고 있다.

소녀가 책상에 앉아서 책을 읽고 있는 모습입니다. 옆에 우유가 담긴 컵이 하나 놓여 있습니다.

• prepare 준비하다
• breakfast 아침 식사

2 ▷ Script

① The man is dropping a book.
② The woman is walking in the hall.
③ The man and the woman are shaking hands.
④ The man and the woman are looking at each other.

① 남자는 책을 떨어뜨리고 있다.
② 여자는 복도에서 걸어가고 있다.
③ 남자와 여자는 악수를 하고 있다.
④ 남자와 여자는 서로 바라보고 있다.

남자와 여자가 도서관에서 각자 책을 손에 들고 마주보고 웃고 있는 모습입니다.

• drop 떨어뜨리다 (drop-dropped-dropped)
• hall 복도
• shake hands 악수하다
• each other 서로

3 ▷ Script

① Two cups are empty.
② There is a fried egg on the plate.
③ The spoon is right next to the eyeglasses.
④ There are two pieces of bread on the plate.

① 두 개의 컵이 비어 있다.
② 접시에 달걀 프라이가 한 개 있다.
③ 숟가락이 바로 안경 옆에 있다.
④ 접시에 빵 두 조각이 있다.

테이블 위에 커피 혹은 차가 든 잔이 하나 있고 접시에는 빵 두 조각과 반으로 자른 과일이 있습니다. 접시 왼쪽으로 숟가락, 오른쪽으로 안경이 있습니다. 그리고 삶은 계란을 담은 컵도 한 개 있습니다.

• empty 빈, 비어 있는
• fried 튀긴
• plate 접시
• two pieces of bread 빵 두 조각

4 ▷ Script

① The girl is raising her hands.
② The boys are holding a trophy.
③ All of the students are wearing a medal.
④ All of the students are standing side by side.

① 소녀는 두 손을 들어 올리고 있다.
② 소년들은 트로피를 들고 있다.
③ 학생들이 모두 메달을 걸고 있다.
④ 학생들이 모두 나란히 서 있다.

소녀는 트로피를 든 두 손을 위로 치켜 들고 있는데 메달은 걸고 있지 않습니다. 소녀 앞에 메달을 건 두 명의 소년이 각자 메달을 들어 보여주고 있습니다.

• raise 들다, 들어 올리다
• wear a medal 메달을 걸고 있다
• side by side 나란히

5 ▷ Script

① One of the people is sitting at the table.
② All of the people have their own computer.
③ All of the people are looking out the window.
④ One of the women is working on the computer.

① 사람들 중 한 명이 테이블에 앉아 있다.
② 사람들 모두 자신의 컴퓨터가 있다.
③ 사람들 모두 창 밖을 내다 보고 있다.
④ 여자들 중 한 명이 컴퓨터로 작업을 하고 있다.

한 사람은 컴퓨터가 있는 테이블에 앉아 있고 나머지 네 사람은 컴퓨터가 있는 테이블 주변에 서 있습니다.

• look out the window 창 밖을 내다보다

Part II				본문 100쪽
6. ③	7. ④	8. ②	9. ③	10. ④

6 Script

(Rings)
W: Hello. This is the lost and found center. How can I help you?
M: Hi. I want to find my wallet. I lost it yesterday.
W: What does it look like?
M: It's small and black.

(전화벨이 울린다)
여자: 여보세요. 분실물 센터입니다. 무엇을 도와드릴까요?
남자: 안녕하세요. 저는 지갑을 찾고 싶습니다. 어제 잃어버렸어요.
여자: 지갑이 어떤 모습인가요?
남자: 작고 검은색입니다.

① 나는 그것을 좋아하지 않아요.
② 내 주머니 안에 있어요.
③ 작고 검은색입니다.
④ 그것을 한 시간 전에 잃어버렸습니다.

센터 직원은 분실물이 어떤 모습인지 묻고 있습니다. 지갑을 잃어버린 사람은 그것을 찾는 데 도움이 되도록 색깔이나 크기, 모양 등 외관의 특징을 구체적으로 설명할 것입니다.

• lost and found center 분실물 취급 센터
• wallet 지갑
• lose 잃어버리다 (lose-lost-lost)
• ago ~ 전에

7 Script

M: I want to send this package.
W: Okay. How do you want to send it? By air or by sea?
M: By air, please. How much will it cost?
W: That will be ten dollars.

남자: 이 소포를 보내려고요.
여자: 알겠어요. 어떻게 보내시겠어요? 비행기로요 아니면 배로요?
남자: 비행기로 부탁드려요. 얼마 들까요?
여자: 10달러 되겠네요.

① 그것은 배보다 빠릅니다.
② 빠른 우편으로 배달해 주세요.
③ 시간이 오래 걸립니다.
④ 10달러 되겠네요.

남자는 운송료가 얼마인지(How much will it cost?) 물어보고 있으므로 우체국 직원은 이에 구체적인 숫자를 넣어 대답하는 것이 자연스럽습니다. ②는 고객이 할 수 있는 표현입니다.

• package 소포
• by air 비행기로
• by sea 배로
• cost ~의 비용이 들다
• deliver 배달하다
• by express 빠른 우편으로, 속달로

8 Script

W: I went to Busan. Have you ever been to Busan?
M: Yes. It's a beautiful city. I went there last summer.
W: How long did you stay there?
M: For one week.

여자: 나는 부산에 갔었어. 너 부산 가 본 적 있니?
남자: 응. 아름다운 도시야. 나는 지난 여름에 갔었지.
여자: 거기서 얼마 동안 머물렀니?
남자: 일 주일 동안.

① 호텔 안에.
② 일 주일 동안.
③ 내 친구들과 함께.
④ 20마일 떨어져 있어.

'how long'은 '얼마나 오래'의 뜻이므로 기간을 나타내는 말로 대답합니다. ②처럼 for 뒤에 구체적인 숫자를 써서 표현하면 됩니다. 'how long'은 물건이 길이가 얼마나 되는지 물어볼 때도 사용할 수 있습니다.

• Have you (ever) been to ~? ~에 가 본 적이 있니?
• last summer 지난 여름에
• how long 얼마나 오래; 얼마나 긴
• away (시간적, 공간적으로) 떨어져 있는

9 Script

M: May I help you?
W: Oh, hi. I want to buy a necktie for my dad.
M: Okay. We have many different colors and designs. Which color do you want?
W: I want to buy a blue one.

남자: 도와 드릴까요?
여자: 오, 안녕하세요. 저의 아빠께 드릴 넥타이를 하나 사려고요.
남자: 알겠습니다. 여러 가지 다른 색상과 디자인이 많이 있습니다. 어떤 색을 원하세요?
여자: 나는 파란색 넥타이를 사고 싶어요.

① 그는 잘생겨 보인다.
② 너는 눈이 갈색이구나. .
③ 나는 파란색 넥타이를 사고 싶어요.
④ 단순한 디자인이 좋을 것 같아요.

넥타이를 사려는 고객에게 가게 점원은 어떤 색을 원하는지 묻고 있으므로 특정한 색깔을 들어 대답하는 것이 적절합니다. ④는 좋아하는 디자인을 설명한 것이므로 어울리지 않습니다.

• buy A for B A를 B에게 사 주다 (= buy B A)
• different 「다른
• simple 단순한, 간단한

10 Script

W: You look so sleepy. Didn't you sleep last night?
M: No, I didn't. I couldn't stop reading my new novel.
W: So, what is the book title?
M: It's *Harry Potter*, the last series.

여자: 너 아주 졸려 보인다. 지난 밤에 못 잤니?
남자: 응, 못 잤어. 새 소설책 읽는 것을 멈출 수 없었지.

여자: 그렇구나, 책 제목이 뭔데?
남자: 'Harry Potter' 마지막 시리즈야.

① 나는 잠이 들었어.
② 그것은 내 방 안에 있어.
③ 나는 늦게까지 자지 않고 있었어.
④ 'Harry Potter' 마지막 시리즈야.

책 제목(title)을 묻고 있으므로 특정한 책의 제목으로 대답합니다. 여자가 지난 밤에 잠을 못잤냐고 부정문으로 물었을 때(Didn't you sleep last night?) 잠을 못 잤다고 대답하려면 No, I didn't.로 부정문으로 답해야 하며 Yes로 답하면 잠을 잤다는 의미가 되는 것에 주의합니다.

• sleepy   졸린
• stop -ing   ~하던 것을 중단하다
• title   제목
• fall asleep   잠들다
• stay up late   늦게까지 자지 않고 깨어 있다

Part Ⅲ				본문 101~102쪽
11. ④	12. ②	13. ①	14. ②	15. ③
16. ③	17. ④	18. ①	19. ④	20. ①
21. ②	22. ③	23. ②	24. ④	

11 > Script

M: Let's meet at 5.
W: Isn't it too early? The concert starts at 6 o'clock.
M: I know. But we need to have something to eat before the concert. It will take at least an hour.
W: You are right.

남자: 5시에 만나자.
여자: 너무 이르지 않니? 콘서트는 6시에 시작하잖아.
남자: 알고 있어. 하지만 콘서트 전에 뭘 좀 먹어야 할 것 같아. 적어도 1시간은 걸릴 거야.
여자: 네 말이 맞아.

Q. 콘서트는 언제 시작하는가?
① 1시에   ② 4시에
③ 5시에   ④ 6시에

여자의 첫 번째 말에서 콘서트가 6시에 시작한다고 언급되어 있습니다. 먼저 뭘 좀 먹기 위해 5시에 만나자는 제안에 여자가 동의를 하고 있는 대화입니다.

• early   이른, 빠른
• something to eat   먹을 것
• at least   최소한, 적어도
• You are right.   네 말이 맞아. (↔ You are wrong.)

12 > Script

W: What are you looking for? I can give you some help, sir.
M: I want to buy a dictionary. Where can I find one?
W: Dictionaries are right behind the magazines.
M: I see. Thank you.

여자: 무엇을 찾고 계시죠? 도와 드릴게요, 손님.
남자: 나는 사전을 하나 사고 싶어요. 어디서 찾을 수 있죠?
여자: 사전은 바로 잡지 뒤에 있어요.
남자: 아 그렇군요. 감사합니다.

Q. 남자와 여자는 지금 어디에 있는가?
① 병원에   ② 서점에
③ 레스토랑에   ④ 옷 가게에

dictionary(사전)와 magazine(잡지)을 사고 파는 장소를 고릅니다.

• right behind   바로 뒤에
• clothing   옷, 의복

13 > Script

M: I went to see my grandmother last week. She still lives in my mother's hometown.
W: Really? I traveled to Jeju Island last week, too!
M: What a coincidence! What did you do?
W: I went hiking on Mt. Halla.

남자: 나는 지난 주에 할머니를 뵈러 갔어. 할머니는 아직 어머니의 고향에 살아 계셔.
여자: 정말? 나도 지난 주에 제주도로 여행을 갔어.
남자: 우연의 일치구나! 너는 뭘 했는데?
여자: 나는 한라산으로 등산을 갔어.

Q. 여자가 제주도에서 한 일은 무엇인가?
① 등산 가기
② 해변에서 수영하기
③ 해산물 먹기
④ 할머니 방문하기

여자는 마지막 말에서 한라산으로 등산을 갔다고 말하고 있습니다.

• still   아직도, 여전히
• hometown   고향
• travel   여행하다
• coincidence   우연
• go hiking   등산[하이킹] 가다

14 > Script

W: Today is my grandfather's birthday.
M: So, are you going to have a birthday party for him?
W: Yes. He lives in the countryside. My family is going to visit his house tonight.
M: I see. I hope you have a good time.

여자: 오늘이 우리 할아버지 생신이셔.
남자: 그러면, 할아버지를 위해 생신 파티를 열어 드릴 거니?
여자: 응. 할아버지는 시골에 사셔. 우리 가족이 오늘 밤 할아버지 댁을 방문할 거야.
남자: 그렇구나. 즐거운 시간 보내기 바라.

Q. 여자는 오늘 밤 무엇을 할 예정인가?
① 집에 머물러 있기
② 할아버지를 방문하기
③ 자신의 생일을 자축하기
④ 남자의 생일 파티에 참석하기

여자는 자기 가족이 오늘 밤 할아버지를 방문할 계획이라고 말하고 있습니다.

- countryside   시골
- I hope ~.   나는 ~ 이기를 바라.
- have a good time   즐거운 시간을 보내다
- celebrate one's own birthday   자신의 생일을 축하하다
- attend   (기념식, 모임 등에) 참석하다

15 ▷ Script

M: Excuse me. How much are the tickets for the movie?
W: They are ten dollars each. And you can get a 10% discount for two tickets with a membership card.
M: I have the membership card. I'll take two tickets, please.
W: Okay. Here you are.

남자: 실례합니다. 영화 티켓이 얼마죠?
여자: 한 장에 10달러예요. 그리고 회원 카드가 있으시면 두 장을 살 때 10% 할인을 받으십니다.
남자: 저는 회원 카드가 있어요. 두 장 주세요.
여자: 알겠습니다. 여기 있어요.

Q. 남자는 얼마를 지불해야 하는가?
① 10달러   ② 15달러
③ 18달러   ④ 20달러

회원 카드가 있으면 10달러인 티켓 두 장을 살 때 10% 할인됩니다. 회원 카드가 있는 남자는 티켓 2장을 사기로 했습니다.

- each   각각, 하나에 대해
- get a ~ discount   ~의 할인을 받다
- membership   회원 (자격, 신분)

16 ▷ Script

W: What did you draw, Jack?
M: It's the Sydney Opera House. I drew this when I visited Australia.
W: It's a beautiful sketch. You are really talented!
M: Thanks. It's nice of you to say so.

여자: 뭘 그렸니, Jack?
남자: Sydney 오페라 하우스지. 나는 이것을 호주를 방문했을 때 그렸어.
여자: 아름다운 스케치야. 너 정말 재능 있다!
남자: 고마워. 그렇게 말해 주다니 정말 친절하구나.

Q. 여자가 좋아한 것은 무엇인가?
① 남자의 이름   ② 남자의 집
③ 남자가 그린 스케치   ④ 남자의 나라

남자는 호주를 방문했을 때 Sydney 오페라 하우스의 스케치를 그렸는데 이 그림을 본 여자는 재능있다고 칭찬했습니다.

- draw   그리다 (draw-drew-drawn)
- talented   재능[재주] 있는
- It's ~ of A to ...   …하는 것을 보니 A는 ~하다.

17 ▷ Script

M: Do you have any pets?
W: Not right now, but my dad will get a pet for me for my birthday.
M: What kind of pet will he get?
W: He didn't tell me but I think he'll get a hamster or a turtle.

남자: 너 애완동물 있니?
여자: 지금 당장은 없어, 하지만 우리 아빠가 내 생일에 한 마리 사 주실 거야.
남자: 아빠가 어떤 애완동물을 사 주실 건데?
여자: 말씀은 안 하셨지만 햄스터나 거북이를 사 주실 거 같아.

Q. 여자는 지금 어떤 종류의 애완동물을 갖고 있는가?
① 물고기   ② 거북이
③ 햄스터   ④ 갖고 있지 않다

"Not right now."에서 지금 당장은 애완동물이 없음을 알 수 있습니다. 생일이 되면 아빠가 햄스터나 거북이를 사 주실 것으로 기대하고 있습니다.

- right now   지금 당장, 바로 지금
- what kind of ~   어떤 종류의 ~
- get   사다, 사주다

18 ▷ Script

W: Look out the window! It's raining so heavy.
M: The weather forecast said it will stop tomorrow morning.
W: We won't be able to go on a picnic tomorrow.
M: Don't worry. We are supposed to go on a picnic in the afternoon. It will stop before then.

여자: 창 밖을 좀 봐! 비가 아주 심하게 내리고 있어.
남자: 날씨 예보에서 내일 아침에는 비가 그칠 거라고 했어.
여자: 우리는 내일 피크닉 못 가겠는데.
남자: 걱정 마. 피크닉을 오후에 가기로 했어. 그때가 되기 전에 비가 그칠 거야.

18. 지금 날씨는 어떤가?
① 비가 온다   ② 해가 난다
③ 눈이 내린다   ④ 흐리다

첫 번째 문장에서 여자는 지금 비가 오고 있다고 말하고 있습니다. 내일 오전에 비가 그칠 것으로 예보되어 있어서 내일 오후에 피크닉은 갈 수 있을 것으로 남자는 예상하고 있습니다.

- weather forecast   날씨 예보
- tomorrow morning   내일 아침
  (cf. this morning   오늘 아침, yesterday morning   어제 아침)
- won't (= will not)   ~하지 않을 것이다
- be able to ~   ~할 수 있다
- be supposed to ~   ~하기로 되어 있다
- before then   그때가 되기 전에

19 ▷ Script

M: Excuse me. How many books can I check out?
W: You can borrow three books at a time.
M: Okay. And how long can I keep them?
W: For seven days. There will be a $1 charge for one day delay.

남자: 실례합니다. 책을 몇 권 대출할 수 있나요?

여자: 한 번에 3권 빌려가실 수 있어요.
남자: 알겠습니다. 그 책들을 얼마 동안 갖고 있을 수 있죠?
여자: 7일 동안이에요. 하루 지연에 1달러가 청구됩니다.

Q. 남자는 빌린 책을 얼마 동안 갖고 있을 수 있는가?
① 하루 동안
② 이틀 동안
③ 3일 동안
④ 1주일 동안

"For seven days."에서 답을 찾을 수 있습니다. 'one day'라는 말이 나오지만 하루 연체될 때마다 얼마의 연체료가 발생하는지를 안내하기 위한 표현입니다.

• check out   (책을) 대출하다
• at a time   한 번에
• keep   (버리거나 돌려주지 않고) 갖고 있다
• charge   (요금, 값을) 청구하다
• delay   지체, 지연

20 ▷ Script

W: Long time no see, Jim! It's so good to see you. How have you been?
M: I've been doing great. I just came back from Hawaii.
W: Wow! Was it good? I've never been there.
M: You should go there someday. It was really great.

여자: 오랜만이야, Jim! 너를 보니 너무 좋다. 어떻게 지냈니?
남자: 잘 지내고 있지. 하와이에서 방금 돌아왔어.
여자: 와! 좋았니? 나 거기 못 가봤는데.
남자: 너는 언젠가 거기에 가야 해. 정말 좋았어.

Q. Hawaii에 다녀 온 사람은 누구인가?
① 남자만
② 여자만
③ 남자와 여자 둘 다
④ 남자와 여자 누구도 아님

남자가 '하와이에서 방금 돌아왔다(I just came back Hawaii.)'고 말한 것과 여자가 못 가보았다고 (I've never been there.) 하는 말에서 확인할 수 있습니다.

• Long time no see.   오랜만이야.
• have been –ing   (과거부터 지금까지) ~해오고 있다 〈현재완료진행〉
• just   방금
• someday   언젠가
• neither A nor B   A도 B도 아닌

21 ▷ Script

M: Do you want to go camping with my friends?
W: Camping? That sounds interesting.
M: My team will go to a mountain this weekend.
W: This weekend? What a shame! I have a lot of homework, so I can't get out of my room this weekend.

남자: 내 친구들하고 캠핑 가고 싶니?
여자: 캠핑? 그거 재미있겠는데.
남자: 우리 팀은 이번 주말에 산에 갈 거야.
여자: 이번 주말에? 아쉬워! 숙제가 많아서 이번 주말에는 내 방에서 나갈 수가 없어.

Q. 여자는 이번 주말에 무엇을 할 예정인가?
① 하이킹 가기   ② 집에 머물러 있기
③ 축구하기   ④ 캠핑 가기

여자는 마지막 말에서 숙제가 많아 집 밖으로 나갈 수 없어 많이 아쉬워하고 있습니다.

• go camping   캠핑하러 가다
• What a shame!   아쉬워!, 유감이야!
• get out of ~   ~에서 나가다
  (Ex. Get out of here!   여기서 나가!)

22 ▷ Script

W: I'm going to play baseball with my club members. Do you want to join us?
M: Yes. I really enjoy playing baseball.
W: Okay. What about being a catcher? I know that you are good at catching the ball.
M: Sounds good. I like that position! When does the game start?

여자: 내 동아리 회원들과 같이 야구 시합을 할 거야. 너 우리랑 같이 하고 싶니?
남자: 응. 나는 야구 하는 것을 정말 즐겨.
여자: 좋아. 너가 포수를 맡는 것이 어때? 너 공 받는 거 잘 하는 거 알아.
남자: 그거 괜찮지. 그 포지션 맘에 들어! 게임은 인제 시작하니?

Q. 남자는 어떤 포지션을 맡아 경기를 하게 될까?
① 타자
② 투수
③ 포수
④ 그는 경기를 하지 않을 것이다.

야구의 포지션은 '포수(catcher)'밖에 등장하지 않고 있고 남자는 그 포지션을 마음에 들어하고 있습니다.

• What about ~ing?   ~하는 게 어때?
• catcher   (야구의) 포수
• be good at –ing   ~하는 것을 잘하다
• position   (팀 경기에서 선수의) 위치

23 ▷ Script

M: You look great today, Amy. I like your blue jacket.
W: Thank you. I bought it yesterday at a department store.
M: It looks very expensive, doesn't it?
W: No. It's brand new but I bought it at 50% discount on a holiday sale.

남자: 너 오늘 멋져 보이는구나, Amy. 너의 파란 재킷이 맘에 든다.
여자: 고마워. 어제 백화점에서 샀지.
남자: 아주 비싸 보이는데, 그렇지 않니?
여자: 아니. 신제품이지만 휴일 할인 판매 때 50% 할인해서 샀어.

Q. 여자의 재킷에 대해 사실이 아닌 것은 무엇인가?
① 파란색이다.
② 값이 비싸다.
③ 신제품이다.
④ 50% 할인 판매 중이다.

남자가 부가의문문으로 가격을 확인하고 있고 여자는 No라고 답하고 있습

니다. 가격이 비싸냐고 묻든, 비싸지 않냐고 묻든 Yes로 답하면 '가격이 비싸다'라는 의미이고, No라고 답하면 '가격이 비싸지 않다'라는 의미합니다.

- department store   백화점
- expensive   비싼
- brand new   신제품의

24 Script

W: Where are you going, Jim?
M: Oh, hi, Monica. I'm on my way to the hospital.
W: Why? Are you sick?
M: No, I'm not. I'm going there to help sick people. I do the job twice a week.

여자: 어디에 가는 중이니, Jim?
남자: 오, 안녕, Monica. 나는 병원에 가는 길이야.
여자: 왜? 아프니?
남자: 아니, 나는 아프지 않아. 아픈 사람들을 도우러 거기 가는 거야. 일주일에 두 번 이 일을 하고 있어.

Q. 남자가 병원에 가는 이유는 무엇인가?
① 진료를 받으려고
② 아빠를 만나려고
③ 친구들을 방문하려고
④ 아픈 사람을 도우려고

남자의 마지막 말 'to help sick people(아픈 사람들을 돕기 위해)'에서 병원에 가는 이유를 알 수 있습니다.

- be on one's way to ~   ~로 가는 길이다
- sick   아픈, 병이 난
- twice a week   일 주일에 두 번

Part IV				본문 103쪽
25. ②	26. ②	27. ①	28. ②	29. ②
30. ④				

25 Script

(M) Attention, all shoppers! We're looking for a bag. It's blue and it has two books, a lunch box and a yellow T-shirt in it. If someone finds this bag, please bring it to the information desk on the ground floor. Thank you.

모든 쇼핑객 여러분께 알려 드립니다! 가방을 하나 찾고 있습니다. 파란색이고 책 두 권, 도시락통, 노란색 티셔츠가 안에 들어 있습니다. 이 가방을 발견하신 분은 1층 안내 데스크로 갖다 주시기 바랍니다. 감사합니다.

Q. 가방 속에 없는 것은 무엇인가?
① 책 두 권
② 야구 모자
③ 도시락 통
④ 노란색 티셔츠

세 번째 문장에서 two books, a lunch box and a yellow T-shirt라고 언급되어 있습니다.

- lunch box   도시락 통
- someone   누군가 (= somebody)
- information desk   안내 데스크

- ground floor   1층 (= first floor)
  (cf. 영국에서는 first floor는 2층을 가리킴)

26 Script

(W) Good evening, everyone. This is the weather forecast for tonight and tomorrow. Tonight it'll be very cloudy, so you won't be able to see the beautiful moon in the sky. And there will be heavy snow tomorrow morning. But in the afternoon, the snow will stop and it'll become nice and warm.

여러분, 안녕하세요. 오늘 밤과 내일의 일기예보입니다. 오늘 밤 매우 흐려서 하늘에 아름다운 달을 볼 수 없겠습니다. 그리고 내일 아침에는 폭설이 예상됩니다. 하지만 오후에는 눈이 멈추고 포근한 날씨가 되겠습니다.

Q. 내일 아침 날씨는 어떨 것인가?
① 비가 온다
② 눈이 온다
③ 해가 난다
④ 흐리다

오늘 밤(very cloudy)과 내일 아침(heavy snow), 내일 오후(snow will stop, it'll become nice and warm)의 시간대별 날씨가 소개되고 있습니다.

- there will be ~   ~이 있을 것이다
- become   ~가 되다

27 Script

(Beep)
(M) Thank you for calling Wonderland Zoo. If you want to know about our business hours, press 1. If you want to know about the admission fee, press 2. If you need some information about our current events, press 3. If you want to listen to this message again, press 9. Thank you.

(삐~)
Wonderland 동물원에 전화 주셔서 감사드립니다. 우리의 업무 시간에 대해 알기를 원하시면 1번을 눌러 주세요. 입장료에 대해 알고 싶으시면 2번을 눌러 주세요. 현재 진행되고 있는 행사에 대한 정보가 필요하시면 3번을 눌러 주세요. 이 메시지를 다시 듣기를 원하시면 9번을 눌러 주세요. 감사합니다.

Q. 동물원의 개장 시간을 알려면 어떻게 해야 하는가?
① 1번을 누른다
② 2번을 누른다
③ 3번을 누른다
④ 9번을 누른다

business hours(업무 시간)는 opening hours(개장 시간)와 같은 의미입니다.

- business hours   업무 시간, 영업 시간
- press   누르다
- admission fee   입장료
- current   현재의, 지금의

28 Script

(Beep)
(W) Hey, Johnny. This is Mary. I'm just calling to let you know that I can't go to the movies with you tonight. My parents are going out tonight and I need to look after my baby brother at home. I'm so sorry. Anyways, call me if you get this message.

(삐~)
안녕, Johnny. 나 Mary야. 오늘 밤 너와 함께 영화를 보러 갈 수 없게 된 것을

알려 주려고 전화하는 거야. 우리 부모님이 오늘 밤 외출을 하실 예정이어서 내가 내 아기 남동생을 집에서 돌봐야 해. 정말 미안해. 아무튼 이 메시지를 받으면 전화 줘.

Q. 말하는 사람이 오늘 밤 해야 하는 일은 무엇인가?
① 영화 보러 가기
② 자신의 남동생을 돌보기
③ 숙제를 끝내기
④ 부모님과 함께 집에 있기

영화 보러 가는 약속을 취소해야 하는 상황이 생겨 음성 메시지를 남기는 내용입니다. "I need to look after my baby brother ~"에서 오늘 밤 해야 할 일을 알 수 있습니다.

• I'm calling to ~   ~하기 위해 전화하는 거야.
• go out   외출하다, 밖에 나가다
• look after   돌보다 (= take care of)
• anyways   아무튼 (= anyway)
• babysit   아기를 돌봐 주다

29 Script

(M) Attention, everyone. There's good news for students who want to get healthier. Our school gym is offering new exercise programs. One of them is called Magic Jump Rope and the other one is called Super Gym Ball. They are free and good for your health. So please don't miss this great chance!

여러분께 알립니다. 더 건강해지고 싶은 학생들에게 희소식이 있습니다. 우리 학교 체육관이 새 운동 프로그램을 제공하고 있습니다. 그 중 하나는 마술 줄넘기라고 불리고 다른 하나는 슈퍼 짐 볼이라고 불립니다. 이들은 무료이고 여러분 건강에 좋습니다. 그러니 이 절호의 찬스를 놓치지 마세요!

Q. 몇 개의 새로운 운동 프로그램이 소개되고 있는가?
① 1개   ② 2개   ③ 3개   ④ 4개

one of them(그것들 중 하나)과 the other one(다른 하나)에서 알 수 있듯이 모두 두 개가 소개되고 있습니다.

• get healthier   더 건강해지다 (= become healthier)
• offer   제공하다
• magic   마술의; 마법
• gym ball   짐볼 (스트레칭에 사용하는 운동 도구)
• miss   (기회, 교통수단 등을) 놓치다

30 Script

(W) Welcome to World Arts Center. My name is Sheila Brown and I'm in charge of this center. World Arts Center has nearly 2 million visitors every year. World famous artists meet their audience here through over 100 exhibitions and performances. World Arts Center is indeed the center of arts around the world.

세계 예술 센터에 오신 것을 환영합니다. 제 이름은 Sheila Brown이고 저는 이 센터를 담당하고 있습니다. 세계 예술 센터는 매년 거의 2백만 명의 방문객이 오십니다. 세계적으로 유명한 예술가들이 여기에서 100개가 넘는 전시회와 공연을 통해 관객들을 만납니다. 세계 예술 센터는 진정 전 세계의 예술의 중심지입니다.

Q. 세계 예술 센터에 대해 언급된 것으로 알맞은 것은 무엇인가?
① 창립자   ② 위치

③ 입장료   ④ 방문객 수

매년 거의 2 million visitors가 오며 유명 예술가들이 100개가 넘는 전시회와 공연을 보여 준다는 것이 이 센터에 대한 정보의 전부입니다.

• in charge of ~   ~을 담당하고 있는
• nearly   거의
• million   백만
• audience   관람객, 청중
• through   ~을 통하여
• exhibition   전람회
• performance   공연
• indeed   정말, 확실히
• founder   창립자
• location   위치
• the number of + 복수명사   ~의 수

Section 2 Reading Part

Part V   본문 104쪽

1. ①   2. ①   3. ②   4. ③   5. ③

내 남동생은 거의 매일 학교에서 프랑스어를 공부한다/공부했다.

① study → studies 또는 studied
주어 (My brother)는 3인칭 단수이므로 동사(study)가 원형 그대로 쓰일 수는 없습니다. 뚜렷한 시제를 나타내는 말이 없으므로 과거시제로 표현하는 것도 가능합니다. (study- studied- studied)

• French   프랑스어; 프랑스 사람
• almost   거의

실제 비용은 우리가 예상했던 것보다 더 높았다.

① actually → actual
주어는 cost이고 명사 cost를 앞에서 수식할 수 있는 것은 부사(actually: 실제로)가 아니라 형용사 (actual: 실제적인)입니다.

• actual   실제적인
• cost   비용
• expect   예상하다, 기대하다

이것은 세상에서 가장 높은 빌딩 중의 하나이다.

② more → most
'one of the + 최상급 + 복수명사'는 '가장 ~한 … 중 하나'의 의미입니다. 비교급은 두 개의 대상 중 하나를 다른 하나와 비교하는 표현이고 최상급은 셋 이상의 대상 중에서 혹은 어느 집단 속에서 '가장 ~하다'라고 표현합니다.

• in the world   세상에서

나는 자고 있었다 그래서 그들은 나 없이 외출했다.

③ go → went
내가 자고 있었던 것은 과거의 일 (과거진행)이므로 그들이 외출한 것도 과거의 일로 시제를 일치시킵니다. ③의 go를 그대로 두고 앞부분의 시제를 바꿀 수는 없습니다. I was는 그대로 두어야 하므로 뒤에 오는 일반동사 (sleep)는 -ing형 외에 다른 형태를 쓸 수가 없습니다.

• go out   외출하다, 밖에 나가다
• without   ~ 없이

자동차 사고에 관한 그 보고서는 목격자에 의해 쓰여졌다.

③ writing → written
주어 The report(보고서)는 주어 자신어 쓰는 것이 아니고 목격자에 의해 쓰여지는 것이므로 수동태(be동사+과거분사)로 표현해야합니다. (write-wrote-written)

• report   보고서
• about   ~에 관한
• accident   사고
• witness   목격자, 증인

Part Ⅵ				본문 105쪽
6. ③	7. ④	8. ②	9. ②	10. ③

내 안경 봤니? 나 그거 없이는 아무것도 볼 수가 없어.

① 부츠   ② 장갑
③ 안경   ④ 목걸이

어법상으로는 네 개의 답지가 다 가능합니다. 뒤에 나온 문장(그것들 없이는 볼 수가 없다)으로 내용상 자연스러운 하나를 선택합니다. 안경(glasses)은 복수로 취급해 대명사 목적격은 it이 아닌 them으로 표현합니다.

• anything   아무것도 〈부정문에서〉
• without   ~ 없이

아무것도 변하지 않았기 때문에 모든 것이 나에게 친숙해 보인다.

① 밝은   ② 두려워하는
③ 결석한; 없는   ④ 친숙한, 익숙한

because 이하의 내용(아무것도 변하지 않았다)을 감안하면 모든 것이 그대로이므로 '친숙하게' 보일 것입니다.

• everything   모든 것 〈every ~는 단수 취급〉
• nothing   아무것도 ~ 아닌

너 말을 어떻게 타는지 아니? 정말 재미있어.

① 건너뛰다, 거르다   ② 타다 (말이나 자전거)
③ 여행하다   ④ 제공하다

'말을 ~하는 방법'을 아는지 묻고는 그것이 아주 재미있다고 덧붙이고 있습니다. 내용상 가장 자연스러운 표현을 고릅니다.

• how to ~   어떻게 ~하는 지; ~하는 방법
• fun   재미있는

우리는 시간이 없어! 우리는 이것을 가능한 한 빨리 끝내야 해.

① 심하게, 지독하게   ② 빨리
③ 즐겁게   ④ 강하게

'out of time (시간이 없는)' 이라고 다급해 하고 있으므로 가능한 한 '빨리' 어떤 일을 끝내야 합니다.

• out of time   시간이 없는, 시간이 다 된
• as ~ as possible   가능한 한 ~하게

내가 출장 중인 동안 내 아기 딸을 돌봐줄 수 있겠니?

① (옷을) 입다   ② (전원을) 끄다
③ 돌보다   ④ 만회하다, 따라잡다

내가 출장 중일 때 다른 사람에게 내 딸인 아기를 돌봐 달라고 부탁하는 것이 가장 자연스러운 표현입니다. look after는 대신 take care of로도 많이 씁니다.

• while   ~ 동안
• business trip   출장

Part Ⅶ				본문 106~113쪽
11. ②	12. ②	13. ④	14. ②	15. ④
16. ③	17. ④	18. ④	19. ③	20. ①
21. ③	22. ④	23. ④	24. ③	25. ③

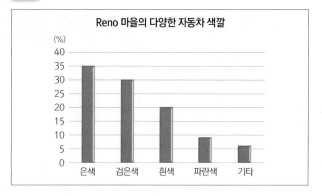

Q. 그래프에 의하면, 사실이 아닌 것은 무엇인가?
① 은색 자동차가 가장 인기가 높다.
② 흰색 자동차는 가장 인기가 없다.
③ 파란색 자동차는 은색 자동차보다 인기가 덜 하다.
④ 검은색 자동차는 파란색 자동차보다 더 인기가 높다.

그래프 왼쪽부터 많이 사용되는 색상이고 가장 오른쪽으로 갈수록 선호도가 낮은 색상입니다. 은색 > 검은색 > 흰색 > 파란색 > 기타의 순입니다.

• silver 은색의
• least 가장 적은 (little-less-least)
• less ~ than … …보다 덜 ~한

수영장 규칙
*동물을 수영장 지역으로 데리고 들어올 수 없음
*음식물이나 음료 수영장 반입 금지
*수영장 주변에서 뛰지 말 것
*화장실을 사용하세요! 수영장에서는 금지!

Q. 다음 중 규칙으로 언급된 것은 무엇인가?
① 화장실을 사용하면 안됩니다.
② 수영장 주변에서 뛰어 다니면 안됩니다.
③ 수영장 안에서 개와 함께 놀아도 됩니다.
④ 수영장 안에서 간식을 먹어도 됩니다.

① 마지막 항목에 수영장 내에서 매너없는 행동을 하지 말고 화장실을 사용하라고 했고 ② 세 번째 항목에 나와 있습니다. ③ 첫 번째로 언급한 것으로 금지된 내용입니다. ④ 두 번째 항목으로 역시 금지된 행동입니다.

• pool 수영장 (= swimming pool)
• snack 간식, 간식거리

당신을 Jessie Lewis의 생일 축하 파티에 초대합니다.

2015년 11월 12일 토요일
저녁 7시~밤 10시
Green Street 212번지, Smith의 집에서

Q. 행사에 대해 알 수 없는 것은 무엇인가?
① 누구를 위한 것인지
② 언제 열리는지
③ 어디에서 열리는지
④ 몇 명의 사람이 참가하는지

생일 축하 파티에 초대하는 포스터입니다. 초대받은 사람들에 대한 정보는 나와 있지 않습니다.

• celebration 축하, 기념
• in honor of ~ ~을 축하하여
• attend (기념식, 모임 등에) 참가하다

처음 오시는 고객들에게 5달러 할인
@ www.iHerb.com
사용할 쿠폰 코드: LUV679
당신이 첫 번째로 주문을 할 때 사용하세요

Q. 쿠폰에 적혀 있지 않은 것은 무엇인가?
① 쿠폰 코드   ② 유효 기간
③ 웹사이트 주소   ④ 할인되는 금액

처음 주문을 하는 고객들이 인터넷 웹사이트에 접속한 뒤 5달러의 할인을 받을 수 있도록 웹주소, 쿠폰 코드번호는 나와 있으나 유효 기간은 나와 있지 않습니다.

• expiration 만료, 만기
• expiration date 유효 기간
• place an order 주문을 하다

Mary의 중고품 악기점				
번호	품목	소매가	배송료	총액
1	피아노	500달러	200달러	700달러
2	기타	150달러	20달러	170달러
3	드럼 세트	600달러	50달러	650달러
4	바이올린	200달러	20달러	220달러

Q. 물품 목록에 의하면 사실인 것은 무엇인가?
① 피아노는 소매 가격이 가장 비싸다.
② 드럼 세트는 총액이 가장 비싸다.
③ 바이올린의 배송료는 기타의 배송료보다 싸다.
④ 피아노의 배송료는 드럼 세트의 배송료보다 비싸다.

① 소매 가격이 가장 비싼 것은 드럼 세트입니다. ② 드럼 세트의 총액은 피아노에 이어 두 번째로 높습니다. (소매가는 더 비싸지만 배송료가 많이 저렴함) ③ 바이올린과 기타의 배송료는 20달러로 같습니다. ④ 피아노의 배송료는 드럼 세트의 배송료보다 비쌉니다. (그래서 합계 금액이 피아노가 가장 비쌈)

• second-hand 중고의
• music shop 악기점
• retail 소매, 소매상
• shipping charge 배송료

'날아다니는 의사들'이라고 들어 보셨나요? 호주에서는 의사들이 멀리 떨어져 사는 환자들을 찾아가기 위해 항공기로 이동을 했습니다. 그들은 너무 먼 거리 때문에 병원을 이용할 수 없는 사람들에게 의료를 제공해 주었습니다. '날아다니는 의사 서비스'는 1928년에 시작되었는데 오늘날에도 여전히 계속 운영되고 있습니다.

Q. '날아다니는 의사 서비스'는 얼마나 오래동안 계속되었는가?
① 약 10년 간   ② 약 50년 간
③ 약 90년 간   ④ 100년 이상

마지막 문장에서 1928년에 시작해 오늘날에도 가동된다고 한 것에서 답을 찾을 수 있습니다.

- hear of ~ ~에 대해 듣다
- aircraft 항공기
- patient 환자
- far away 멀리 떨어진
- provide 제공하다 (provide-provided-provided)
- health care 의료
- be unable to ~ ~할 수 없다
- access 접근하다, 이용하다
- distance 거리
- continue to ~ 계속 ~하다 (= continue -ing)
- operate 작동되다, 가동되다

개는 충직한 동물이다. 그들은 여러 가지 방법으로 사람들을 돕는다. 한 가지 예는 맹도견이다. 맹도견들은 맹인들을 안내하도록 훈련을 받는다. 그들은 맹인들이 버스나 기차를 타고 길을 건너는 것을 도와 준다. 대부분의 맹도견들은 주인의 명령을 듣고 따르며 맹인들과 같이 산다. 맹도견들은 또한 동료애를 발휘함으로써 맹인들이 감정적 우울증을 예방하도록 도와 준다.

Q. 맹도견들에 대해 알 수 있는 것은 무엇인가?
① 야생 동물이다.
② 다른 동물들을 돕는다.
③ 맹인들이 훈련시킨다.
④ 맹인들이 대중교통을 타도록 도와 준다.

맹도견(guide dog)은 맹인들을 돕도록 훈련된 개입니다. ① 야생 동물로 볼 수 없고 ② 다른 동물들을 돕는다는 내용과 ③ 맹인들이 훈련시킨다는 언급은 없습니다. ④ 글 중앙부에 맹인들이 버스나 기차 (= 대중교통) 를 타는 것을 도와준다고 나와 있습니다.

- faithful 충실한, 충직한
- guide dog 맹도견
- be trained to ~ ~하도록 훈련 받다
- lead 안내하다, 이끌다
- blind 눈이 먼, 맹인인
- cross 건너다
- command 명령
- follow 지키다, 따르다
- prevent 막다, 예방하다
- emotional 감정적인
- depression 우울증
- companionship 동료애
- the blind = blind people

축구 시합은 1850년대에 영국에서 시작되었다. 최초의 국제 축구 시합은 1872년에 스코틀랜드와 영국 간에 벌어졌다. 1908년에 축구는 마침내 올림픽 공식 경기가 되었고 더 많은 사람들이 이 스포츠를 즐기기 시작했다. 오늘날 전 세계에서 수백만명의 사람들이 축구 시합을 하고 TV로 이 시합을 시청한다.

Q. 이 글의 내용에 따르면 사실이 아닌 것은 무엇인가?
① 축구는 점차로 인기를 얻었다.
② 최초의 축구 시합은 영국에서 벌어졌다.
③ 축구는 1908년에 올림픽 공식 경기가 되었다.
④ 영국 최초의 축구 시합은 아일랜드 국가 대표팀과 벌인 경기였다.

① 처음 시작해서 올림픽 종목이 되기까지 60년 가까이 걸렸으므로 점차적으로 인기를 얻었다고 할 수 있습니다. ②, ③ 각각 두 번째와 세 번째 문장에서 언급하고 있습니다. ④ 영국과 스코틀랜드와의 시합입니다.

- take place (일이) 일어나다, 개최되다
- finally 드디어, 마침내
- official 공식적인
- millions of ~ 수백만의 ~
- gradually 점차로, 점진적으로

다른 나라로 여행해서 외국의 문화를 접하는 것은 훌륭한 경험이 될 수 있습니다. 하지만 이것은 동시에 큰 혼란이 될 수도 있습니다. 당신은 외국 문화 속에 머무는 동안 많은 문제에 직면할 수 있습니다. 가장 중요한 것은 열린 마음을 유지하는 것입니다. 어디를 가든 이들은 당신 자신의 문화와 똑같지 않다는 사실을 기억하세요.

Q. 이 글의 주제로 알맞은 것은 무엇인가?
① 해외에 나가지 마라.
② 당신 자신의 문화에 자부심을 가져라.
③ 외국 문화에 대해 열려 있는 마음을 가져라.
④ 여행 중에 돈을 낭비하지 마라.

네 번째 문장에서 '가장 중요한 것' 이라며 외국 문화에 대해 마음의 문을 열어야 한다고 강조하고 있습니다. 바로 다음 문장에서는 그런 자세를 갖기 위해 자신의 것과 다르다는 사실을 인정하라고 덧붙이고 있습니다.

- other 다른
- face 마주치다
- foreign 외국의
- culture 문화
- however 하지만, 그러나
- confusing 혼란스러운
- at the same time 동시에
- mind 마음
- wherever 어디에든
- abroad 해외에, 해외로
- be proud of ~ ~에 대해 자랑스럽게 여기다
- waste 낭비하다

20~21

나무는 우리에게 많은 방식으로 유용하다. 무엇보다 먼저, 우리에게 음식을 제공한다. 우리는 나무가 주는 맛있는 과일을 먹는다. 두 번째로 우리에게 신선한 공기를 준다. 나무는 나쁜 공기를 대기로부터 흡수하고 깨끗한 공기를 발산한다. 마지막으로 그들은 비가 심하게 내릴 때 홍수를 예방해 준다. 나무들은 많은 빗물을 가둬 둔다. 만약 나무가 없다면 우리는 홍수를 더 빈번하게 경험할 것이다.

20. 이 글에 의하면 나무가 예방해 주는 것은 무엇인가?
① 홍수   ② 가뭄
③ 산사태   ④ 폭풍우

21. 나무에 대해 언급된 것은 무엇인가?
① 나쁜 공기를 만든다.
② 그늘을 만든다.
③ 깨끗한 공기를 발산한다.
④ 폭우를 예방한다.

51

20~21. 나무가 주는 장점으로 ① 과일을 제공하고 ② 신선한 공기를 주며 ③ 홍수를 예방한다고 소개하고 있습니다. 산사태(landslide) 예방이나 그늘(shade)을 만드는 것도 가능할 수 있겠지만 이 글에서 언급되지는 않았습니다.

- useful 유용한
- in many ways 많은 방식으로
- first of all 무엇보다 먼저
- delicious 맛있는
- secondly 두 번째로
- take in 빨아들이다, 흡수하다
- atmosphere 대기
- give out 발산하다
- lastly 마지막으로
- prevent 막다, 예방하다
- flood 홍수
- If there were no ~ 만약 ~이 없다면
- frequent 빈번한
- drought 가뭄
- landslide 산사태
- rainstorm 폭풍우
- shade 그늘

22~23

영어는 현대 인도의 삶에 있어서 중요한 일부가 되었다. 이것은 인도가 많은 지역 언어를 갖고 있기 때문이다. 영어가 없다면 인도에서 사람들이 서로 의사소통을 하는 것은 아주 어려울 것 같아 보인다. 흥미롭게도 미국 영어와 인도 영어 사이에는 문법과 단어에 있어 많은 차이점이 존재한다. 처음에는 대부분의 사람들이 이런 차이가 인도인들이 범한 실수였다고 생각했다. 지금은 그런 생각이 바뀌었다. 오늘날 모든 사람들이 인도 영어는 그들 나름대로는 정확하다고 생각한다.

22. 이 글의 제목으로 가장 적절한 것은 무엇인가?
① 인도 영어의 미래
② 미국 영어의 역사
③ 인도 언어의 특징
④ 인도 영어와 미국 영어의 차이

23. 이 글을 통해 알 수 있는 것은 무엇인가?
① 인도인들은 새 언어를 개발할 것이다.
② 아무도 인도 영어를 더 이상 사용하지 않을 것이다.
③ 모든 인도인들은 곧 미국 영어를 사용하기 시작할 것이다.
④ 영어는 의사소통을 위해 인도에서 중요한 언어이다.

22~23. 지역 언어가 많은 인도에서는 영어가 없으면 의사소통이 어려울 정도로 영어가 중요한 위치를 차지하게 되었습니다. 인도 영어는 미국 영어와 차이점이 존재하며 그렇지만 나름대로는 정확성을 유지하고 있다고 인식되고 있다는 내용입니다.

- modern 현대적인
- Indian 인도의; 인도인
- That's because ~. 그것은 ~ 때문이다.
- local 지역의
- it seems that ~ ~인 것처럼 보인다
- communicate with ~ ~와 의사소통하다
- each other 서로
- interestingly 흥미롭게도
- difference 차이
- grammar 문법

- at first 처음에는
- correct 정확한

24~25

안녕 Sue,

어떻게 지내니?
건강해지는 방법에 대해 알고 싶어 했지?
여기에 나의 충고가 있단다. 먼저 과일과 야채를 많이 먹어야 한다.
패스트푸드를 너무 많이 먹는 것을 피하려고 노력해라. 또한 잠을 충분히 자야 한다.
TV를 보거나 인터넷 서핑을 하느라 늦게까지 자지 않고 있지 마라.
마지막으로 규칙적으로 운동을 해라. 수영, 자전거 타기, 조깅은 다 너의 건강에 좋단다.
이 충고들이 너에게 도움이 되기를 바란다.

안녕,
Jackie Brown

24. 이 편지의 목적으로 가장 알맞은 것은 무엇인가?
① 안부 인사를 하려고
② 감사 인사를 하려고
③ 충고를 하려고
④ 도움을 청하려고

25. 다음 중 Jackie Brown이 말하지 않은 것은 무엇인가?
① 과일을 많이 먹어야 한다.
② 규칙적으로 운동을 해야 한다.
③ 패스트푸드를 절대 먹어서는 안된다.
④ 너무 늦게 잠자리에 들어서는 안된다.

24~25. 건강해지기 위해서 다음의 사항을 지키라고 충고하는 편지입니다. 건강을 위해서 과일과 야채를 많이 먹고 패스트푸드를 줄일 것, 잠을 충분히 잘 것, 규칙적으로 운동할 것을 권하고 있습니다.

- healthy 건강한
- avoid 피하다
- enough 충분한
- get enough sleep 잠을 충분히 자다
- stay up 자지 않고 있다
- helpful 도움이 되는
- say hello 안부 인사를 하다
- say thank you 감사 인사를 하다
- plenty of ~ 많은 ~

Section 3 Writing Part

Part VIII
본문 114~115쪽

1. than   2. tall   3. too
4. What did you have there?
5. The boy is holding up a bird.

1~3

> 내 언니는 나보다 1. 정확히 1살 더 나이가 많다. 우리는 공통점이 많다. 무엇보다도, 우리는 똑같아 보인다. 나는 2. 키가 161센티미터이고 내 언니도 그렇다. 나는 검은색 곧은 머리카락과 짙은 갈색의 눈을 갖고 있고 언니도 그렇다. 우리는 많은 같은 관심사 3. 또한 공유한다.

1. 비교급 표현에서 비교 대상 앞에는 than(~보다)을 씁니다.

2. 키를 말할 때는 '~ centimeters tall'의 표현을 사용합니다.

3. 문장 끝에서 '~도 또한'의 표현은 'too'를 씁니다.

- have ~ in common   ~을 공통으로 갖고 있다
- look alike   똑같아 보이다
- tall   키가 ~인
- So is[does] she.   그녀 또한 그렇다.
- share   공유하다, 공통적으로 갖고 있다
- interest   관심, 흥미

4

A: 내가 추천한 이탈리아 레스토랑에 갔니?
B: 응, 지난 주 금요일에 거기에 갔지.
A: 거기에서 뭘 먹었어?
B: 나는 스파게티를 먹었어. 맛있었어.

빈칸 다음에 B가 스파게티를 먹었는데 맛있었다고 하고 있으므로 A는 무엇을 먹었는지 물어보았을 것입니다. 의문사 What과 주어 you 사이에 과거시제를 나타내는 did를 쓰고 you 뒤에 일반동사의 원형 have(먹다, 마시다)를 씁니다. '거기에'라는 뜻의 부사 there를 맨 뒤에 넣습니다.

- recommend   추천하다
  (recommend-recommended-recommended)
- delicious   맛있는

 5

소년이 새 한 마리를 들고 있다.

이 문장의 주어는 The boy입니다. 동사는 '들고 있다'인데 주어가 3인칭 단수이므로 is holding으로 진행형을 씁니다. 목적어에 해당하는 a bird (새 한 마리를)을 holding 뒤에 넣으면 됩니다.

- bird   새

실전모의고사 4

Section 1 Listening Part

Part I
본문 118~119쪽

1. ②   2. ④   3. ②   4. ③   5. ④

1 Script

① The woman is holding a cup.
② The woman is talking on the phone.
③ The woman is typing on the keyboard.
④ The woman is standing next to the table.

① 여자는 컵을 하나 들고 있다.
② 여자는 전화 통화를 하고 있다.
③ 여자는 키보드로 타이핑을 하고 있다.
④ 여자는 테이블 옆에 서 있다.

여자는 컴퓨터가 있는 책상에 앉아 전화 통화를 하고 있습니다. 한 손에는 서류로 보이는 종이를 들고 있습니다.

- talk on the phone   전화 통화를 하다
- next to ~   ~ 옆에

2 Script

① The woman is reading a book.
② The man is looking at the computer monitor.
③ The man and the woman are talking to each other.
④ The man and the woman are writing with pencils.

① 여자는 책을 읽고 있다.
② 남자는 컴퓨터 모니터를 보고 있다.
③ 남자와 여자는 서로 이야기를 나누고 있다.
④ 남자와 여자는 연필로 글을 쓰고 있다.

남자와 여자는 말없이 각자 메모지에 연필로 뭔가를 적고 있습니다.

- look at ~   ~을 보다
- each other   서로

3 Script

① There are three identical chairs.
② There is a window in the room.
③ There is a lamp in front of the couch.
④ There are flowers next to the window.

① 똑같은 의자 3개가 있다.
② 방 안에 창문이 하나 있다.

③ 소파 앞에 전등이 하나 있다.
④ 창문 옆에 꽃들이 있다.

소파 하나와 두 개의 의자가 있고 소파 뒤로 창문이 하나 있습니다. 스탠드가 소파 옆에 있고 꽃은 소파 앞의 테이블 위에 있습니다.

- identical   똑같은
- lamp   스탠드, 전등
- in front of ~   ~의 앞에
- couch   소파, 긴 의자
- next to ~   ~ 옆에

4 ▶ Script

① The man is sleeping on the ground.
② All of the people are eating some food.
③ Two of the people are holding apples.
④ All of the people are sitting on the bench.

① 남자는 땅바닥에서 자고 있다.
② 사람들 모두가 음식을 먹고 있다.
③ 사람들 중 두 명이 사과를 들고 있다.
④ 사람들 모두가 벤치에 앉아 있다.

가족으로 보이는 세 사람이 들판에 나와 있습니다. 자리를 깔고 있고 남자는 비스듬히 누워 있고 여자와 아이는 손에 사과를 들고 앉아 있습니다.

- sleep   자다
- ground   지면, 땅바닥
- sit on the bench   벤치에 앉다

5 ▶ Script

① All of the people are drinking water.
② All of the people are talking to each other.
③ Two of the people are standing by the table.
④ Three of the people are sitting around the table.

① 사람들 모두가 물을 마시고 있다.
② 사람들 모두가 서로 이야기를 나누고 있다.
③ 사람들 중 둘이 테이블 옆에 서 있다.
④ 사람들 중 셋은 테이블 주변에 앉아 있다.

모두 네 사람 중 세 사람은 테이블에 둘러 앉아 있습니다. 나머지 한 사람은 앉아 있는 사람들 중 한 사람과 메뉴판을 주고 받고 있습니다. 테이블 위에 물잔들이 있고 남자 한 사람이 손으로 잡고 있습니다.

- by   ~ 옆에
- sit around   ~에 둘러 앉다

Part II   본문 120쪽

| 6. ④ | 7. ③ | 8. ④ | 9. ④ | 10. ② |

6 ▶ Script

M: The farewell party was so fun.
W: Yeah! By the way, who is the man you came with?
M: He is my roommate, John. Have you met him?
W: No, I haven't.

남자: 작별 파티는 아주 재미있었어.
여자: 그래! 그런데, 너랑 같이 온 사람은 누구니?
남자: 내 방을 같이 쓰는 사람, John이야. 그를 만난 적이 있니?
여자: 아니, 그런 적 없는데.

① 응, 나 그래.
② 응, 내가 그랬지.
③ 아니, 나는 그러지 않아.
④ 아니, 그런 적 없는 데.

질문이 Have로 시작하고 있으므로 대답도 have를 넣어 "Yes, I have." 또는 "No, I haven't."로 답합니다.

- farewell   작별
- by the way   그건 그렇고

7 ▶ Script

W: How was your trip to Italy?
M: It was amazing. I visited a lot of historical places.
W: How long did you stay there?
M: I was there for two weeks.

여자: 이탈리아 여행 어땠니?
남자: 굉장히 좋았어. 많은 역사적인 장소들을 방문했어.
여자: 거기에서 얼마 동안 머물렀지?
남자: 나는 거기에 2주 동안 있었어.

① 나는 비행기를 탔어.
② 나는 네 곳을 방문했어.
③ 나는 거기에 2주 동안 있었어.
④ 나는 가장 친한 친구와 함께 거기에 갔어.

'How long ~?'으로 기간을 묻고 있으므로 숫자를 써서 머문 기간을 답합니다.

- trip to ~   ~로의 여행
- amazing   굉장히 좋은; 놀라운
- historical   역사적인

8 ▶ Script

M: You look tired. What's wrong?
W: I couldn't sleep. There was a lot of noise outside last night.
M: That's too bad. When did you fall asleep?
W: It was over 12 o'clock.

남자: 너 피곤해 보인다. 무슨 일 있니?
여자: 잠을 못 잤어. 지난 밤 바깥에 시끄러운 소리가 많이 났어.
남자: 참 안됐구나. 언제 잠들었니?
여자: 12시가 넘었지.

① 금요일이었어.   ② 나는 두통이 있었어.
③ 그것은 내 집 근처에 있어.   ④ 12시가 넘었지.

언제 잠들었는지 묻고 있으므로 때나 시간으로 대답합니다. over는 수량이나 시간이 '~을 넘어'의 뜻으로 사용됩니다.

- noise   소음
- fall asleep   잠들다
- headache   두통

• over ~을 넘어

9 Script

W: Are you free this Saturday?
M: Yes, I have no plans yet. Why do you ask?
W: There will be a free movie night in the student center. Do you want to come?
M: That sounds great.

여자: 이번 토요일에 시간 있니?
남자: 응, 아직은 계획이 없어. 왜 묻지?
여자: 학생 센터에서 무료 영화의 밤이 있을 예정이야. 너 갈 생각 있어?
남자: 그거 좋겠다.

① 그거 형편없군.　　　　② 그것은 사실이야.
③ 여기 있어.　　　　　　④ 그거 좋겠다.

무료 영화를 보러 갈 의향이 있는지 묻고 있으므로 이에 동의하거나 거절하는 응답이 가장 적절합니다. ①은 어떤 일에 대해 자신의 느낌을 전달하는 표현이고 ③은 물건을 건네 줄 때 쓰는 말입니다.

• free 한가한, 시간이 있는; 무료의
• yet 아직
• terrible 형편없는

10 Script

M: We have both black and white shirts in the trendy style.
W: Both look nice. Which one would you recommend?
M: The black one is 30% off now.
W: I will take that one.

남자: 우리는 이 최신 유행의 스타일로 검은색과 흰색 셔츠 둘 다 있어요.
여자: 둘 다 좋아 보이네요. 어느 것을 추천하시겠어요?
남자: 검은색 셔츠는 지금 30% 세일입니다.
여자: 그것으로 살게요.

① 여기에서 내리자.
② 그것으로 살게요.
③ 할인을 해 주세요.
④ 나는 30달러가 없어요.

두 개의 물건이 다 맘에 들어 결정을 못하고 주인에게 더 나은 것을 묻자 주인은 세일 중인 것을 권하고 있습니다. 세일하는 것을 사려고 하는데 ③처럼 할인을 해 달라는 말은 어색하고 ④도 엉뚱한 대답입니다.

• sleepy 졸린
• trendy 최신 유행의
• both A and B A와 B 둘 다
• both 둘 다
• get off (버스, 지하철 등에서) 내리다 (↔ get on)

Part III

본문 121~122쪽

11. ③	12. ②	13. ④	14. ②	15. ③
16. ②	17. ③	18. ②	19. ②	20. ①
21. ②	22. ①	23. ③	24. ③	

11 Script

M: Hello. How can I help you?
W: I want to change this shirt. It's too small for me.
M: Oh, we are sorry but we don't have a bigger size in that color.
W: Then, can I see a different color in a bigger size?

남자: 어서 오세요. 어떻게 도와 드릴까요?
여자: 이 셔츠를 교환하고 싶어요. 나한테 너무 작군요.
남자: 오, 죄송하지만 그 색상으로는 더 큰 사이즈가 없습니다.
여자: 그러면, 더 큰 사이즈로 다른 색상을 볼 수 있을까요?

Q. 남자와 여자는 지금 어디에 있는가?
① 약국　　　　　　　　② 신발 가게
③ 옷 가게　　　　　　　④ 화장품 가게

여자가 셔츠를 교환하고 싶다고 말하고 있으므로(change this shirt) 장소를 짐작할 수 있습니다.

• different 다른
• too small 너무 작은
• in that color 그 색상으로

12 Script

W: Do you have any plans during this winter vacation?
M: Yes, I do. I will go to Sydney to learn English.
W: Really? Are you planning to take an ESL course?
M: Yes, I'm so excited to go abroad. This is my first time.

여자: 이번 겨울 방학 때 어떤 계획 있니?
남자: 응, 있지. 영어를 배우러 Sydney에 갈 거야.
여자: 정말? ESL 코스를 수강할 계획이니?
남자: 응, 해외로 나가게 되어 아주 흥분이 돼. 이번이 처음이거든.

Q. 남자는 왜 Sydney에 가려고 하는가?
① 여행하려고
② 영어를 배우려고
③ 가족을 방문하려고
④ 회의에 참석하려고

여자가 ESL 코스를 수강할 계획이냐고 묻자 그렇다고 대답하며 외국에 처음 나가게 되어 무척 흥분된다고 말하고 있습니다. (ESL: 영어가 모국어가 아닌 외국인들 대상의 영어 교육 프로그램)

• ESL 제 2언어로서의 영어 (= English as a Second Language)
• excited 신나는, 흥분되는
• abroad 해외에, 해외로
• go abroad 해외에 가다
• attend (회의, 기념식 등에) 참석하다

13 Script

M: This spaghetti is really delicious. Thank you for making it for me.
W: It's my pleasure. Here is the dessert. Have some cheese cake.
M: Wow, it looks so delicious. Where did you learn to make them?
W: I learned at NSW cooking school.

남자: 이 스파게티 정말 맛있다. 나에게 만들어 줘서 고마워.

여자: 내 기쁨인걸. 여기 후식이야. 치즈 케이크 좀 먹어.
남자: 와. 아주 맛있어 보인다. 이것을 만드는 방법을 어디에서 배웠니?
여자: NSW 요리 학교에서 배웠지.

Q. 여자는 요리법을 어디에서 배웠는가?
① 그녀의 엄마로부터
② 레스토랑에서
③ 요리법을 통해
④ 요리 학교에서

여자의 마지막 말에서 NSW cooking school에서 배웠다고 말하고 있습니다.

• pleasure   기쁨, 즐거움
• learn   배우다 (learn-learned-learned)
• recipe   요리법

14 Script

(Rings)
W: Hello. This is the city rail service center.
M: Hi, I left my wallet yesterday in the central station. Did you find it?
W: Do you remember what time it was?
M: It was about 5 o'clock in the afternoon.

(전화벨이 울린다)
여자: 여보세요. 여기는 시 철도 서비스 센터입니다.
남자: 여보세요, 나는 어제 중앙역에 내 지갑을 두고 왔어요. 그거 발견하셨나요?
여자: 몇 시였는지 기억나세요?
남자: 대략 오후 5시경이었어요.

Q. 남자는 왜 여자에게 전화를 했는가?
① 기차를 예약하려고
② 자기 지갑을 찾으려고
③ 티켓을 환불하려고
④ 출발 시간을 물어보려고

남자는 'I left my wallet ....'라고 자기 지갑을 두고 온 사실을 말하면서 혹시 발견했는지 묻고 있습니다. 여자는 찾는 데에 도움이 되도록 잃어버린 시간을 확인하고 있습니다.

• rail   철도; 레일
• leave   두고 오다 (leave-left-left)
• book   예약하다
• refund   환불
• departure   출발 (↔ arrival   도착)

15 Script

M: Next person, please.
W: Hi. How much is the ticket for the concert?
M: It's $10 for an adult and half price for a child.
W: Okay. Two adults and one child, please.

남자: 다음 분.
여자: 안녕하세요. 콘서트 티켓 얼마인가요?
남자: 성인은 10달러이고 어린이는 1/2 가격입니다.
여자: 알겠어요. 성인 두 장, 어린이 한 장 부탁합니다.

Q. 여자는 얼마를 지불해야 하는가?
① 15달러
② 20달러
③ 25달러
④ 30달러

성인은 10달러이고 어린이는 반 값이므로 성인 2장(20달러) + 어린이 1장(5달러) = 25달러입니다.

• adult   성인, 어른
• half   반, 1/2

16 Script

W: I heard that a new shopping mall has opened.
M: Yes. I know. There is a big sale on now.
W: That's good news! How can I get there?
M: You should take bus number 11 and get off at Lidcom station. You can see the sign of the mall.

여자: 새 쇼핑몰이 문을 열었다고 들었어요.
남자: 예. 알고 있어요. 지금 대규모 할인 행사가 진행중이에요.
여자: 그거 좋은 뉴스네요! 거기에 어떻게 가죠?
남자: 11번 버스를 타셔서 Lidcom 역에 내리세요. 쇼핑몰 표지판이 보일 거예요.

Q. 여자는 어떻게 쇼핑몰에 갈 것인가?
① 택시로
② 버스로
③ 도보로
④ 지하철로

남자는 11번 버스를 타고 (take bus number 11) 가다가 Lidcom역에서 내리라고 알려 주고 있습니다. 버스나 기차, 지하철에서 내릴 때는 get off를 쓰고 택시나 자동차에서 내릴 때는 get out을 쓰는 것에 유의하세요.

• get off   내리다 (↔ get on)
• sign   표지판, 간판
• on foot   걸어서, 도보로

17 Script

M: Oh. I'm so nervous about my graduation speech to all of the students.
W: What time does your speech start?
M: The graduation ceremony starts at 11 o'clock, and my turn will be 30 minutes after the beginning.
W: Don't worry. You've practiced a lot.

남자: 아. 학생들 모두에게 할 졸업 연설이 아주 긴장이 돼.
여자: 몇 시에 너의 연설이 시작되지?
남자: 졸업식이 11시에 시작하고 내 차례는 시작 후 30분 있으면 돌아 올거야.
여자: 걱정 마. 너는 연습을 많이 했잖아.

Q. 남자는 몇 시에 연설을 할 예정인가?
① 10시에
② 11시에
③ 11시 30분에
④ 12시 30분에

졸업식은 11시에 시작하는데 남자는 시작 후 30분 뒤에 자기 차례가 올 거라고 했으므로 연설은 11시 30분에 하게 됩니다.
• nervous   긴장한, 초조해 하는
• graduation   졸업
• graduation ceremony   졸업식
• turn   차례
• a lot   많이

18 Script

W: Have you finished packing to go camping?
M: Yes. I packed some clothes, a sleeping bag and a camera.
W: Did you put in a towel? You will need it.
M: Oh. I forgot that. Thank you.

여자: 캠핑을 가기 위해 짐 다 쌌니?
남자: 예. 약간의 옷과, 침낭 그리고 카메라를 쌌어요.
여자: 수건 넣었니? 그것이 필요할 거야.
남자: 오, 그걸 잊었네요. 고마워요.

Q. 남자가 자기 가방 속에 넣지 않은 것은 무엇인가?
① 옷   ② 수건
③ 카메라   ④ 침낭

여자가 수건을 넣었는지 확인하면서 필요할 거라고 하자 남자는 I forgot that.(나 그것을 잊었네요.)이라며 고마워하고 있습니다.

• finish -ing   ~하는 것을 끝내다
• pack   짐을 싸다 (pack-packed-packed)
• go camping   캠핑을 가다
• clothes   옷
• sleeping bag   침낭
• towel   수건

19 Script

M: May I take your order?
W: I would like a steak with a baked potato, and mushroom soup, please.
M: Anything to drink? We have mango and kiwi juice.
W: Mango juice, please.

남자: 주문하시겠습니까?
여자: 구운 감자와 버섯 수프를 곁들인 스테이크를 주세요.
남자: 마실 것은 무엇으로 드릴까요? 망고 주스와 키위 주스가 있는데요.
여자: 망고 주스로 주세요.

Q. 여자가 주문하지 않은 것은 무엇인가?
① 스테이크   ② 키위 주스
③ 망고 주스   ④ 버섯 수프

마지막 말에서 여자는 망고 주스와 키위 주스 중에서 망고 주스를 선택했습니다.

• baked   구운
• mushroom   버섯

20 Script

W: What do you do in your free time?
M: I usually play soccer. I joined a soccer club in our school. It's so exciting when I score. What about you?
W: I like swimming. Swimming refreshes my body and mind.
M: It's true. Swimming is good exercise.

여자: 여가 시간에 무엇을 하니?
남자: 나는 보통 축구를 해. 나는 우리 학교 축구 동아리에 들었어. 내가 득점할 때는 너무 신나. 너는?
여자: 나는 수영을 좋아해. 수영은 내 몸과 마음을 상쾌하게 해 주거든.
남자: 그거 사실이야. 수영은 좋은 운동이지.

Q. 남자는 왜 축구를 좋아하는가?
① 골을 넣는 것을 좋아한다.
② 그의 마음을 상쾌하게 해 준다.
③ 팀이 승리하도록 이끌고 싶다.
④ 동아리 회원들과 같이 있는 것을 즐긴다.

남자의 말 중 "It's so exciting when I score."에 축구를 좋아하는 이유가 잘 드러나 있습니다.
exciting은 어떤 일이 사람에게 신이 나게 할 때 쓰는 말이고 excited는 사람이 주어로 쓰여 어떤 일에 신이 난다고 느끼는 경우에 씁니다.

• exciting   신나는, 흥분시키는
• score   득점하다; 득점
• refresh   (심신을) 상쾌하게 해 주다
• mind   마음, 정신
• true   사실인, 맞는

21 Script

M: Mrs. Debra, can I hand in my final report by next Monday?
W: The deadline is this afternoon. Are you having trouble?
M: I was sick for a week, so I didn't attend class at all.
W: Okay. Then I can give you a 3 day extension.

남자: Debra 선생님, 최종 리포트를 다음 주 월요일까지 제출해도 될까요?
여자: 마감 시간이 오늘 오후인데. 곤란한 일이 있니?
남자: 한 주 동안 아팠어요, 그래서 수업에 전혀 나오지 못했습니다.
여자: 알았어. 그러면 내가 3일 동안 기한 연장을 해 줄게.

Q. 남자와 여자의 관계로 가장 적절한 것은 무엇인가?
① 아들 – 어머니   ② 학생 – 선생님
③ 종업원 – 고용주   ④ 고객 – 판매 직원

리포트 제출을 연기해 달라고 요청하는 사람과 아파서 수업에 빠진 것을 알고 제출 기한을 연장해 주는 사람의 관계입니다.

• hand in   제출하다
• by ~   ~ 때까지
• deadline   마감 시간
• have trouble   어려움을 겪다
• not ~ at all   전혀 ~ 아닌
• attend   출석하다, 참석하다
• extension   (기한의) 연장

22 Script

W: Matt, can I borrow your math text book, please?
M: Yes, you can. Did you forget to bring yours today?
W: No, I think I lost that book. I couldn't find it anywhere.
M: That's too bad. Maybe you should buy a new one.

여자: Matt, 수학 교과서 좀 빌려도 될까?
남자: 응, 그렇게 해. 오늘 너의 책을 갖고 오는 것을 잊었니?
여자: 아니, 그 책을 잃어버린 것 같아. 그것을 어디에서도 찾을 수가 없었어.
남자: 안됐구나. 아마도 새 책을 사야 겠구나.

Q. 여자가 자신의 책을 갖고 오지 않은 이유는 무엇인가?
① 잃어 버렸다.   ② 집에 두고 왔다.
③ 갖고 오는 것을 잊었다.   ④ 서점에 반납했다.

여자가 책을 잃어버린 것 같다고 하자, 남자가 새 것을 사는 것이 좋겠다고 (Maybe you should buy a new one.) 하는 것에서 답을 찾을 수 있습니다.

• borrow   빌리다
• forget to ~   ~하는 것을 잊다; 잊고 ~하지 않다
• lose   잃어버리다 (lose-lost-lost)
• anywhere   어디에서도

• maybe 아마도

23 Script

M: Jane, are you going home?
W: No, I'm going to the library. Where are you going?
M: I'm going to the art gallery. There is an Africa photo exhibition. Do you want to join me?
W: I would love to go there. I've always been interested in Africa.

남자: Jane, 너 집에 가는 길이니?
여자: 아니, 나 도서관에 가고 있는데. 너는 어디에 가니?
남자: 나는 미술관에 가. 아프리가 사진전이 있어. 나랑 같이 갈래?
여자: 나 거기 꼭 가고 싶어. 나는 항상 아프리카에 관심이 있었거든.

Q. 남자와 여자는 아마도 어디로 가게 될까?
① 아프리카   ② 도서관
③ 미술관   ④ 여자의 집

남자가 아프리카 사진전을 보러 미술관(art gallery)에 간다고 하자 여자도 아프리카에 관심을 갖고 있다며 가고 싶다고 말합니다.

• art gallery 미술관, 화랑
• exhibition 전시회
• I would (= I'd) love to ~ 아주 ~하고 싶다
• always 항상
• be interested in ~ ~에 관심이 있다

24 Script

W: Oh no! What time is it now?
M: It's 5:30. What's wrong?
W: I have to attend a leadership meeting. It starts in 20 minutes.
M: Really? Hurry up. I think you should make a call to one of the members and say you will be late.

여자: 아 안 돼! 지금이 몇 시죠?
남자: 5시 30분인데. 무슨 문제 있어요?
여자: 리더십 회의에 참석해야 해요. 20분 후에 시작해요.
남자: 정말이에요? 서두르세요. 회원 중 한 사람에게 전화해서 늦을 거라고 말해야 할 것 같네요.

Q. 여자는 이 대화 직후에 무엇을 해야 하는가?
① 택시를 탄다
② 회의를 연기한다
③ 다른 회원에게 전화한다
④ 출장을 떠난다

회의에 늦을 것으로 판단한 남자가 회원에게 전화해서 늦겠다고 말하라고 충고하고 있습니다.
• have to ~ ~해야 한다
• attend 출석하다, 참석하다
• in 20 minutes 20분 후에
• make a call 전화하다 (= call)

Part IV
본문 123쪽

25. ③   26. ②   27. ④   28. ③   29. ③
30. ③

25 Script

(M) Welcome to Taronga Zoo. There are over 5,000 species of animals here. First, we are going to see the Koala. You can take pictures with this Koala. It's a great chance because Koalas live only here in Australia. Then, we will watch a bird show after that. Please follow me.

Taronga 동물원에 오신 것을 환영합니다. 여기에는 5,000종 이상의 동물이 있습니다. 우선, 우리는 코알라를 볼 예정입니다. 이 코알라와 같이 사진을 찍어도 됩니다. 코알라가 호주에서 오직 여기에서만 살기 때문에 좋은 기회입니다. 그 다음에는 새 쇼를 보게 됩니다. 저를 따라 오세요.

Q. 말하는 사람은 누구인 것 같은가?
① 관광객   ② 버스 운전사
③ 여행 가이드   ④ 접수 담당 직원

동물원에서 동물원 구경 일정을 알려 주며 코알라 소개를 하고 있습니다. 마지막 부분에는 자기를 따라 오라며 다른 장소로 안내하는 모습도 보여 주고 있습니다.

• over ~ 이상, ~이 넘는
• species 종(種)
• follow 따라가다

26 Script

(W) Joanne Rowling is a single mom with a daughter. She was very poor and depressed after her mom's death. While she was depressed, she wrote a fantasy story. It changed her life. The title of the book is "Harry Potter". Billions of people are reading the novel and watching the movies all over the world.

Joanne Rowling은 딸이 하나 있는 싱글맘이다. 그녀는 어머니의 사망 후 아주 가난했고 우울증을 앓았다. 우울증을 앓는 동안 그녀는 판타지 이야기를 썼다. 그것이 그녀의 인생을 바꿔 놓았다. 그 책의 제목이 "Harry Potter"이다. 전세계에서 수십억 명의 사람들이 그 소설을 읽고 있고 영화를 보고 있다.

Q. Joanne Rowling에 대해 알 수 없는 것은 무엇인가?
① 싱글맘이다.   ② 지금도 여전히 가난하다.
③ 우울증을 앓았다.   ④ 판타지 소설을 썼다.

싱글맘으로 가난했고 우울증을 앓았으며 'Harry Potter'라는 판타지 소설을 썼다고 나와 있지만 지금은 가난한지 부유한지 언급되어 있지 않습니다.

• depressed 우울한, 우울증이 있는; 낙담한
• fantasy story 판타지 이야기
• title 제목
• billion 10억
• novel 소설
• all over the world 세계 도처에서
• depression 우울증, 우울

27 Script

(M) Many people like to go to this place. There are lots of fun things to do and see. You can ride roller coasters which are very exciting. The rides are very thrilling. People are shouting or screaming and people are enjoying them very much. There are also some cartoon characters' parades. You can take pictures with them.

많은 사람들이 이 장소에 가는 것을 좋아합니다. 재미있게 할 수 있는 것과 재미있는 볼거리가 많습니다. 당신은 아주 신나는 롤러코스터를 탈 수 있습니다. 놀이기구들이 아주 짜릿한 즐거움을 줍니다. 사람들은 소리치거나 비명을 지르면서 이것들을 아주 많이 즐깁니다. 만화 캐릭터들의 퍼레이드도 있습니다. 그들과 함께 사진도 찍을 수 있습니다.

Q. 말하는 사람은 어떤 장소에 대해 이야기하고 있는가?
① 콘서트 홀 ② 영화관 ③ 스포츠 경기장 ④ 놀이 공원

롤러코스터를 비롯해 즐길 거리와 볼거리가 많고 놀이기구들을 비명을 지르면서 재미있게 타는 곳, 만화 캐릭터들이 행진을 하는 곳입니다.

- thrilling 흥분시키는, 짜릿한
- shout 소리치다
- scream 비명을 지르다
- cartoon character 만화 캐릭터
- parade 가두행진, 퍼레이드

28 Script

(Beep)
(W) Hi, Steven. I want to invite you to dinner at my home. I really want to thank you for your help on my science report. It was a great help. Are you free on Saturday night? If you are available, please call me back and let me know what time would be okay with you.

(삐~)
안녕, Steven. 너를 우리집으로 저녁 식사 초대를 하고 싶어. 내 과학 리포트를 도와준 것에 정말로 고마움을 표시하고 싶단다. 큰 도움이 되었어. 토요일 밤에 시간 있니? 만약 시간을 낼 수 있다면 나에게 답신 전화를 해서 몇 시가 너한테 가능한 시간인지 알려 줘.

Q. 왜 말하는 사람은 Steven에게 전화를 했는가?
① 질문을 하려고 ② 그의 리포트를 도우려고
③ 그를 저녁 식사에 초대하려고 ④ 정보를 주려고

첫 번째 문장에서 그 이유를 명확하게 말하고 있습니다. 그 뒤에는 저녁 초대를 왜 하려고 하는지 그 이유를 밝히고 있습니다.

- available (만날) 시간을 낼 수 있는
- call back 답신 전화를 하다
- Let me know 나에게 알려 줘

29 Script

(M) Good morning, ladies and gentlemen. This is the captain speaking. United Airlines 207 will begin departing from JFK International Airport, New York. We are expected to land at Los Angeles International Airport at 9:10 pm local time. The weather in Los Angeles is clear but partly foggy with a temperature of 17 degrees Celsius. I'd like to thank you for choosing United Airlines.

안녕하세요, 신사 숙녀 여러분. 기장입니다. UA 207편은 뉴욕의 JFK 국제 공항으로부터 출발을 시작하겠습니다. 우리는 현지 시간으로 오후 9시 10분 로스앤젤레스 국제 공항에 착륙할 예정입니다. 로스앤젤레스의 날씨는 맑지만 곳에 따라 안개가 끼어 있고 기온은 섭씨 17도입니다. UA 항공편을 이용해 주셔서 감사드립니다.

Q. 이 비행기는 어느 도시에 도착할 예정인가?
① 뉴욕 ② 라스베가스
③ 로스앤젤레스 ④ 샌프란시스코

기장의 말 중에서 "We are expected to land at Los Angeles International Airport"를 통해 목적지가 로스엔젤레스임을 알 수 있습니다.

- ladies and gentlemen 신사 숙녀 여러분
- captain 기장
- depart 출발하다
- be expected to ~ ~할 것으로 기대되다
- land 착륙하다 (↔ take off)
- local 현지의, 지역의
- partly 부분적으로
- foggy 안개가 낀
- temperature 기온, 온도
- degree 도(度) 〈온도의 단위〉
- Celsius 섭씨

30 Script

(W) Welcome to our BMX theater today. Before beginning the play, I would like to make several announcements. Please do not eat food or move around during the play. Also you cannot talk on the phone or take pictures during the play. It will be appreciated if you turn off your cell phone now. Thank you.

오늘 BMX 극장에 오신 것을 환영합니다. 연극 시작에 앞서 몇 가지 알려 드리고자 합니다. 연극 공연 도중에 음식을 먹거나 이동하지 마세요. 또한 공연 중에 전화 통화를 하거나 사진 촬영도 하실 수 없습니다. 지금 휴대폰을 꺼주시면 감사하겠습니다. 감사합니다.

Q. 연극 공연 도중 사람들이 해서는 안되는 일로 언급되지 않은 것은 무엇인가?
① 음식 먹기 ② 사진 촬영하기
③ 박수 치기 ④ 전화 통화하기

공연 도중에는 음식 먹기, 이동하기, 전화 통화, 사진 촬영을 삼가고, 지금은 휴대폰은 꺼달라고 요청하고 있습니다.

- play 연극
- announcement 발표
- move around 돌아다니다, 움직이다
- talk on the phone 전화 통화하다
- appreciate 감사하다
- turn off 끄다 (↔ turn on)
- cell phone 휴대폰 (= cellular phone)

Section 2 Reading Part

Part V 본문 124쪽

1. ① 2. ① 3. ① 4. ③ 5. ④

Mark는 앞마당에서 많은 유기농 야채를 재배한다/재배했다.

① grow → grows 또는 grew
3인칭 단수 주어(Mark) 뒤에는 일반동사(grow)의 원형을 그대로 쓸 수는 없습니다. 현재형 grows, 또는 과거형 grew로 써야 합니다.

- grow 재배하다, 키우다
- organic 유기농의
- vegetable 야채
- front 앞쪽의
- yard 마당

나는 네가 내일까지 나에게 이메일을 보낼 거라고 기대한다.

① for → to
'expect + A + to 동사원형'은 'A가 ~할 것으로 기대하다'의 뜻을 나타내는 표현입니다.

- expect 기대하다
- by ~ ~까지

Joanna는 지난 밤에 그 리포트를 혼자서 성공적으로 끝마쳤다.

① successful → successfully
동사 finished를 수식하기 위해서는 부사가 필요합니다.

- by herself 그녀 혼자서
- last night 지난 밤에

나는 나의 꿈이 미래에 실현될 것으로 강력하게 믿고 있다.

③ came → will come
믿는 것은 현재 시점이지만 꿈이 실현되는 것은 아직 일어나지 않은 미래의 일입니다. 이 문장은 주어는 I, 동사는 believe, that 이하 전체가 believe의 목적어인 3형식 문장입니다.

- strongly 강력하게
- believe 믿다
- come true 실현되다
- in the future 미래에, 장래에

몇몇 아름다운 노래가 9월에 있을 콘서트에서 연주될 것이다.

④ on → in
달 앞에는 전치사 in을 씁니다. on은 특정한 날이나 날짜, 그리고 요일 앞에 사용하고 in은 달이나 계절, 연도 앞에 사용합니다.

- play (악기, 음악을) 연주하다

Part VI				본문 125쪽
6. ②	7. ④	8. ③	9. ④	10. ①

그 잡지는 세계의 호랑이들이 지금 위험에 처해 있다고 보도했다.

① 경력   ② 위험
③ 흥미   ④ 조건; 건강 상태

'in danger'는 '위험에 처한'의 뜻입니다. (↔ out of danger: 위험에서 벗어난)

- magazine 잡지
- say (신문, 잡지 등이) ~라고 보도하다, ~라고 주장하다

나는 어떻게 달이 지구 주위를 도는지에 대해 알고 싶다.

① 수줍은   ② 용감한
③ 따분해하는   ④ 호기심이 있는, 알고 싶어하는

달이 지구 주위를 어떻게 도는지는 호기심을 불러 일으키거나 알고 싶게 만드는 일일 것입니다.

- Moon 달
- move 움직이다
- around ~의 주위에, ~을 둘러싸고
- Earth 지구

살을 빼기를 원한다면 운동을 규칙적으로 해야 한다.

① 드디어; 마지막으로   ② 거의
③ 규칙적으로   ④ 놀랍게도

살을 빼기 위해서는 운동을 어떻게 하는 것이 가장 바람직할지 생각해 보면 답을 찾을 수 있습니다.

- exercise 운동하다 (= do exercise)
- lose weight 살을 빼다 (↔ gain weight)

Martin은 파티에서 그의 여자 친구를 그의 가족에게 소개했다.

① 이동시켰다   ② 여행했다
③ 믿었다   ④ 소개했다

파티에서 자기 가족에게 여자친구를 '소개'했을 것입니다. 'A를 B에게 소개하다'의 뜻으로는 'introduce A to B'의 표현을 씁니다.

- at the party 파티에서

나는 쓰레기를 (집 밖에) 꺼내 놓고 있을 때 Jason을 우연히 만났다.

① 꺼내 놓다   ② 돌아오다
③ 따라잡다   ④ 고대하다

쓰레기(trash)와 관련된 일을 하던 때였으므로 take out(꺼내 놓다)이 가장 적절합니다. ③은 '(뒤처져 있다가) 따라 잡다'의 의미이고 ④는 '어떤 일을

기대하다'는 의미입니다.

- run into ~   ~를 우연히 만나다
- trash   쓰레기

Part Ⅶ				본문 126~133쪽
11. ③	12. ①	13. ②	14. ③	15. ①
16. ②	17. ①	18. ④	19. ①	20. ②
21. ④	22. ③	23. ②	24. ④	25. ②

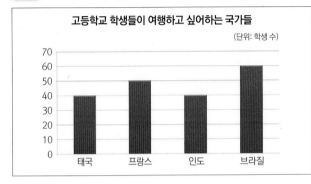

고등학교 학생들이 여행하고 싶어하는 국가들

(단위: 학생 수)

태국 / 프랑스 / 인도 / 브라질

Q. 그래프에 따르면, 사실인 것은 무엇인가?
① 브라질보다 프랑스를 여행하고 싶어하는 학생이 더 많다.
② 인도보다 태국을 여행하고 싶어하는 학생이 더 많다.
③ 프랑스보다 인도를 가고 싶어하는 학생이 더 적다.
④ 브라질에 가고 싶어하는 학생 수가 가장 적다.

브라질 60명 > 프랑스 50명 > 인도, 태국 40명의 순서입니다. 따라서 ③이 일치하는 내용입니다 (= More students want to go to France than to India.)

- fewer   더 적은 (뒤에 셀 수 있는 명사의 복수형만 가능)
- the lowest number of + 복수명사   가장 적은 수의 ~들

각자 음식을 가져 와서 나눠 먹는 식사입니다
우리의 저녁 식사 파티에 오세요!
9월 9일 금요일, 저녁 7시~ 저녁 9시
Johnson Hall 501호

나눠 먹을 각자의 음식을 갖고 오셔서
다른 맛있는 음식을 즐기세요!

Q. 초대장 카드를 통해 알 수 없는 것은 무엇인가?
① 누가 파티를 추최할지
② 파티 시간이 얼마나 걸릴지
③ 파티가 어디에서 열릴지
④ 사람들이 파티에 무엇을 가져와야 하는지

② 7:00 pm to 9:00 pm ③ Johnson Hall #501 ④ Bring your own meal 에서 알 수 있지만 누가 파티 주최자인지에 대해서는 언급이 없습니다.

- potluck   각자 음식을 가져 와서 나눠 먹는 식사

- own   자기 자신의; 소유하다
- share   나누다, 나눠 갖다
- host   주최하다
- last   (~ 동안) 지속되다, 계속되다

Edy's Scoop에서
무료 아이스크림을 제공합니다

더블 사이즈 아이스크림 하나를 사면
하나가 공짜!

오직 Edy's Scoop에서만 시원하고 달콤한 아이스크림을 즐기실 수 있습니다.

2015년 8월31일까지 유효
매일 오전 10시 ~ 밤 11시

Q. 쿠폰 내용으로 볼 때 무료 아이스크림은 어떻게 얻을 수 있는가?
① 8월에 가게를 방문함으로써
② 더블 사이즈 아이스크림을 하나 구매함으로써
③ 가게에서 10달러 이상을 소비함으로써
④ 딸기맛 아이스크림 하나를 선택함으로써

Edy's Scoop이라는 아이스크림 가게에서 '더블 사이즈 아이스크림을 사면 (Buy one double size ice cream) 하나가 공짜 (get one free)'라고 안내하고 있습니다.

- scoop   아이스크림을 뜨는 숟가락
- offer   제공하다
- good   유효한
- until   ~때까지
- strawberry-flavored   딸기 맛[향]이 나는

충분히 숙면을 취하고 싶으신가요?
여기에 건강한 수면 센터가 제시한 몇 가지 조언이 있습니다.

매일 밤 같은 시간에 잠자리에 들도록 노력하세요.	잠자리에 들기 전에 많이 먹지 마세요.
낮에 운동 하세요.	소리는 크게 내지 마세요.

Q. 다음 중 조언 속에 포함되지 않은 것은 무엇인가?
① 낮 동안에 운동하기
② 잠자기 전에 많이 먹지 않기
③ 잠자리에 들기 전 음악 듣기
④ 매일 밤 같은 시간에 잠자리에 들기

①, ②, ④는 수면 센터가 제시한 조언과 일치하며 ③에서처럼 음악을 들으라고 조언한 것이 아니라 자는 데 방해되지 않게 소리를 낮추라고 했습니다.

- get a good night's sleep   충분히 숙면을 취하다
- tip   충고, 조언
- suggest   제안하다, 제의하다

• healthy 건강에 좋은, 건강한
• at the same time 같은 시간에
• avoid 피하다
• keep ~ down ~을 낮추다
• work out 운동하다

> **주의**
>
> 138번 도로는 지금 공사중입니다.
> Molton Hall로 가시는 분들은 다른 길을 이용해 주시기 바랍니다.
>
> 공사는 10월 13일까지는 완료될 예정입니다.
>
> 협조와 이해 감사드립니다.

Q. 이 안내판을 통해 알 수 있는 것은 무엇인가?
① 138번 도로는 Molton Hall로 통한다.
② Molton Hall로 가는 길은 하나이다.
③ 오늘 하루만 138번 도로를 사용할 수 없다.
④ 138번 도로는 폭우로 차단되었다.

안내판의 두 번째 줄 내용(use another way to Molton Hall)에서 이 안내판은 주로 이 길(138번 도로)을 이용해 Molton Hall로 가던 사람들을 대상으로 한 것임을 알 수 있습니다.

• attention 주의, 주목
• construction 공사, 건설
• under construction 공사중
• another 다른
• by ~ ~까지
• cooperation 협조
• lead to ~ ~로 이어지다
• block 막다, 차단하다
• notice 안내판, 공고문

> 한국의 과학자들은 특별한 뭔가를 만들어 내기 위해서 함께 일했다. 그들은 한국 최초의 로켓을 만들기 위해 노력했다. 중국과 일본은 이미 자국의 로켓을 우주로 보냈다. 한국 또한 엄청난 노력을 쏟았다. 처음에는 약간의 실수도 있었다. 한국의 과학자들은 로켓을 성공적으로 발사하는 데에 실패했다. 그러나 그들은 문제를 곧 바로 잡을 것이라고 말했다.

Q. 이 글의 제목으로 가장 적절한 것은 무엇인가?
① 언제 한국 최초의 로켓이 날게 될 시기
② 한국 최초의 로켓을 만들기 위한 노력
③ 한국 최초의 로켓이 안고 있는 문제점들
④ 중국과 일본이 로켓을 만든 방법

한국 과학자들이 함께 노력하고 있다고 이야기를 시작한 뒤, 중국과 일본의 상황을 소개하고, 이어 엄청난 노력을 쏟아 부었고 실수도 있었고 발사에 실패했지만 문제를 해결할 것이라고 말했다고 마무리를 하고 있습니다. 전체적으로 한국 과학자들이 로켓을 만들려는 노력에 초점을 맞춘 글입니다.

• create 창조하다
• something special 특별한 어떤 것
• space 우주
• effort 노력

• at first 처음에는
• fail to ~ ~하는 데에 실패하다
• launch (로켓의) 발사, (배의) 진수
• fix (문제를) 바로 잡다, 고치다

> 대학교에서 교수들을 위한 정해진 옷의 코드가 있다. 교수들은 똑똑하고 단정해 보여야만 한다. 그래서 모든 교수들은 대학교에서 학생들을 가르칠 때는 격식을 갖춘 옷을 입을 필요가 있다. 이것은 교수들이 청바지나 티셔츠 같은 평상복을 입을 수 없다는 것을 의미한다. 여자 교수들은 너무 심한 보석류를 몸에 걸치는 것이 허용되지 않는다.

Q. 이 글을 통해 알 수 있는 것은 무엇인가?
① 교수들은 단정하고 격식을 차린 옷을 입어야 한다.
② 대학교에서 학생들은 격식을 차린 옷을 입어야 한다.
③ 교수들은 가끔 청바지와 티셔츠를 입어도 된다.
④ 대학교에서 여자 교수들은 어떤 보석류도 착용할 수 없다.

② 학생들의 복장에 대해서는 언급이 없습니다. ③ 격식을 갖춘 복장을 해야 하므로 캐주얼한 청바지나 티셔츠는 안 된다고 네 번째 문장에서 강조하고 있습니다. ④ 마지막 문장에서 언급하고 있듯이 여자 교수들의 보석류 착용은 너무 심한(too much) 것이 허용되지 않을 뿐 전혀 안되는 것은 아닙니다.

• certain 특정한, 일정한
• code 관례, 규칙
• professor 교수
• university 대학교
• tidy 단정한, 깔끔한
• formal 격식을 갖춘; 공식적인 (↔ informal)
• clothes 옷 (cf. cloth 천, 옷감)
• mean 의미하다
• casual 격식을 차리지 않는, 평상복의
• such as ~와 같은
• jeans 청바지
• female 여성의 (↔ male 남성의)
• be allowed to ~ ~하는 것이 허용되다
• jewelry 보석류

> 받는 사람 : thompson@email.com
> 보내는 사람: lemontree@email.com
>
> Thompson에게,
>
> 안녕, Thompson. 나는 기타 반에 들어갈까 생각하고 있어. 나랑 같이 들어갈래? 네가 악기 연주하는 것에 흥미가 있다는 것을 알고 있어. 나로서는 기타 연주하는 법을 배우려고 시도하는 건 이번이 처음이야. 우리가 같이 레슨을 받으면 아주 재미있을 것 같아. 곧 나에게 연락 줘.
>
> 잘 지내길 빌며,
> Amber

Q. 이 이메일의 목적은 무엇인가?
① Thompson을 콘서트에 초대하려고
② Thompson에게서 조언을 얻으려고
③ Thompson에게 악기를 빌려 주려고
④ 함께 기타 레슨을 받자고 제안하려고

Amber는 기타 반에 들어갈 것을 고려하고 있으며, 기타를 배워보지 않았지만 악기 연주에 흥미가 있는 Thomson과 같이 배우면 재미있을 것 같다며 같이 레슨을 받자고 제안하고 있습니다.

- think about ~ing   ~하는 것에 대해 생각해보다
- musical instrument   악기
- how to ~   ~ 하는 방법
- take lessons   레슨[강습]을 받다
- get back to ~   ~에게 답신 연락을 하다
- lend A B   A에게 B를 빌려 주다
- suggest ~ing   ~할 것을 제안하다

태양은 지구로 빛을 발산합니다. 빛의 한 가지 유형은 자외선이라고 불립니다. 그것들은 아주 강력해서 당신의 피부에 해를 끼칠 수 있습니다. 사람들은 이 강력한 광선 때문에 태양 아래에 노출이 되는 동안 쉽게 피부가 탈 수 있습니다. 자외선을 너무 많이 쬐면 심지어 피부암이 생길 수도 있습니다. 피부암을 예방하기 위해서는 선크림을 바르는 것을 기억하고 태양으로부터 정기적인 휴식의 시간을 갖도록 합니다.

Q. 이 글에 따르면, 자외선으로부터 피부암을 예방할 수 있는 방법은 무엇인가?
① 선크림을 바름으로써
② 하루종일 실내에 있음으로써
③ 큰 우산을 사용함으로써
④ 특수 모자를 씀으로써

자외선이 피부암을 일으킬 수 있으므로 예방을 잘 하도록 권고하는 글입니다. 구체적인 예방법으로 마지막 문장에서 선크림 바르기와 햇볕을 너무 오래 계속해서 쬐지 말 것을 제안하고 있습니다.

- send out   (연기, 빛을) 내다, 발산하다
- ultraviolet   자외선의
- ray   광선
- powerful   강력한
- harm   해를 끼치다
- get sunburned   햇볕에 타다
- even   심지어, ~조차
- cause   일으키다, 야기하다
- skin cancer   피부암
- prevent   막다, 예방하다
- remember to ~   ~할 것을 기억하다
- sunscreen   선크림
- take breaks   휴식을 갖다
- regular   정기적인, 규칙적인
- apply   (크림 등을) 바르다

당신은 거울을 보면 어떤 기분이 드시나요? 기분이 좋은가요 아니면 나쁜가요? 요즘은 많은 사람들이 외모가 가장 중요하다고 말합니다. 하지만 외모가 전부일 수는 없습니다. 당신이 어떻게 보이는가는 전체 중에서 작은 조각에 불과합니다. 당신의 외모보다 더 중요한 다른 것들이 있습니다. 마음, 생각, 능력 그리고 품성입니다. 안에 든 것보다 우선하는 것은 아무것도 없다는 사실을 명심하세요.

20. 이 글의 목적은 무엇인가?
① 도움을 요청하려고   ② 조언하려고
③ 불평하려고   ④ 신제품을 광고하려고

21. 이 글의 내용으로 사실인 것은 무엇인가?
① 당신은 오직 당신의 능력에만 초점을 맞춰야 한다.
② 사람들은 다른 사람들의 외모에 개의치 않는다.
③ 사람들은 자신의 외모에 더 많은 주의를 기울여야 한다.
④ 당신이 내적으로 갖고 있는 것이 외모보다 더 중요하다.

20~21. 외모가 모든 것이라는 외모지상주의에서 더 바람직한 방향으로 생각을 바꾸도록 조언하는 글입니다. 외모는 전체 중의 작은 조각에 불과하며 겉모습보다는 마음, 생각, 능력, 인격 등 안에 들어 있는 것이 더 중요하다는 사실을 잊지 말라고 말하고 있습니다.

- look in the mirror   거울을 보다
- these days   요즈음
- appearance   외모
- everything   전부, 가장 중요한 것
- piece   조각
- whole   전체, 전부
- thought   생각
- ability   능력
- personality   인격, 성격
- keep in mind   명심하다
- come before   ~보다 앞서다, 우선하다
- complaint   불평, 항의
- care about ~   ~에 신경을 쓰다
- pay attention to ~   ~에 주의를 기울이다

22~23

Miranda의 일기
8월 28일 일요일

오늘 나는 한라산으로 등산을 갔다. 처음에는 산을 오르는 것이 어려웠다. 하지만 위로 올라가면서 나는 신선한 공기와 아름다운 경치를 즐길 수 있었다. 산의 정상에 도달해서, 나는 사진을 많이 찍었다. 내려오는 도중에 다음 번에는 설악산에 오르기로 계획을 세웠다. 나는 오늘 아주 즐거운 시간을 보냈다.

22. Miranda는 결국에는 등산에 대해 어떻게 느꼈는가?
① 피곤하다   ② 걱정된다
③ 만족한다   ④ 긴장된다

23. 일기의 내용으로 볼 때 Miranda에 대해 알 수 없는 것은 무엇인가?
① 한라산에서 신선한 공기를 느낄 수 있었다.
② 한라산에 처음으로 갔다.
③ 한라산 정상에서 많은 사진을 찍었다.
④ 다음 번에는 설악산 등산을 하기로 계획을 세웠다.

22. 처음에는 한라산 오르는 것이 힘들었지만 점점 등산이 즐겁게 느껴졌고 내려오면서 다음번에는 설악산에 가기로 했습니다. 마지막 문장에서 등산 후 느낀 기분을 잘 알 수 있습니다.

23. 한라산에 오르는 것을 처음에 힘들게 느꼈을 뿐, 한라산에 처음 오르는 것인지는 언급되어 있지 않습니다.

- go hiking   등산 가다; 하이킹 가다
- at first   처음에는
- climb   오르다
- go up   올라가다
- scenery   경치, 풍경
- reach   도달하다, 닿다 (reach-reached-reached)

• summit 꼭대기, 정상
• on the way ~ ~로 가는 도중에
• make a plan 계획을 세우다
• next time 다음 번에
• for the first time 처음으로

24~25

유명한 만화영화 "Simpson네 가족"은 서방 국가들에게서 인기가 있다. 주인공인 Homer Simpson은 정크 푸드 먹는 습관으로 유명하다. 영국 정부는 Homer가 사람들의 식습관에 엄청난 영향을 미친다고 믿고 있다. 그래서, 영국 정부는 Homer와 함께 건강 캠페인을 시작할 계획을 세우고 있다. Homer Simpson은 이 캠페인에서 감자칩과 초콜릿 먹는 것을 중단할 것이다. 정부는 사람들이 Homer의 건강에 좋은 새 식습관을 따라하기를 바라고 있다.

24. 이 글의 요지로 알맞은 것은 무엇인가?
① 영국에서의 Homer Simpson의 인기
② 정크 푸드 먹는 습관을 없애는 몇몇 방법들
③ 어떻게 정크 푸드가 일상생활에서 부정적으로 영향을 미치는가
④ 건강에 좋은 식습관에 관한 Homer Simpson의 새 캠페인

25. Q Homer Simpson에 대한 내용으로 사실인 것은 무엇인가?
① 많은 아시아 국가들에서 인기가 있다.
② 사람들의 식습관을 바꾸는 데 도움을 줄 수 있다.
③ 건강에 좋은 식습관에 관심이 아주 많았다.
④ 정크 푸드 먹는 것을 중단하는 방법을 알지 못한다.

24~25. "The Simpsons"의 주인공 Homer가 인기를 끄는 나라 중의 하나인 영국에서 사람들이 건강한 식습관을 갖도록 Homer를 활용한 캠페인을 준비하고 있다는 내용입니다. Homer가 정크 푸드를 즐겨 먹는다는 것과 사람들의 식습관에 대해 영향력이 크다는 것 외에 다른 정보는 언급된 것이 없습니다.

• western 서방의, 서양의
• main character 주인공
• be known for ~ ~로 알려져 있다, 유명하다
• junk 쓰레기
• junk food 정크 푸드 (인스턴트나 패스트푸드 음식을 나쁘게 부르는 말)
• eating habit 식습관
• influence 영향력
• follow 따라하다
• healthy 건강에 좋은
• popularity 인기 (cf. popular 인기있는)

Section 3 Writing Part

Part VIII   본문 134~135쪽

1. to   2. be   3. take
4. What is he doing now?
5. The man is kicking a soccer ball.

1~3

많은 아이들은 애완동물을 1. 갖고 싶어하지만 그들의 부모는 집에 애완동물을 두는 것을 좋아하지 않는다. 사실, 애완동물은 좋은 것이다, 그리고 몇 가지 방식으로 아이들에게 도움이 되기까지 한다. 우선, 애완동물은 아이들에게 가장 친한 친구가 2. 될 수 있다. 두 번째로는 아이들 또한 생명체를 3. 돌보는 방법을 배울 수 있다.

1. want 뒤에 다른 동사가 오면 그 앞에 to를 쓰고 그 다른 동사는 원형을 씁니다. (want to + 동사원형: ~하기를 원하다, ~을 하고 싶어하다)

2. '될 수 있다'의 뜻인데 can이 조동사이므로 그 뒤에는 반드시 동사원형이 와야 합니다. be동사의 원형 be가 쓰여야 합니다.

3. '~을 돌보다'는 take care of (= look after)로 표현합니다.

• pet 애완동물
• parents 부모
• in fact 사실
• even 심지어
• helpful 도움이 되는
• how to ~ ~ 하는 방법
• take care of ~ ~을 돌보다 (= look after)
• living 살아있는

4

A: David이 자기 방에서 자고 있니?
B: 아니요, 그렇지 않아요. 그는 거실에 있어요.
A: 그는 지금 무엇을 하고 있니?
B: TV를 보고 있어요.

B의 마지막 말이 'TV를 보고 있어요.'이고 주어진 단어에 what이 있으므로 what으로 시작하는 의문문을 사용하면 됩니다. 주어는 he인데, be동사가 사용된 문장의 의문문은 be동사를 주어 앞에 써야 하니까 is he doing으로 쓰고, 마지막에 '지금'의 뜻인 now를 넣습니다.

• sleep 자다
• living room 거실

5

남자는 축구공을 차고 있다.

주어는 The man, 동사는 진행 중인 동작이므로 is kicking입니다. 뒤에 목적어 a soccer ball을 넣으면 됩니다.

• soccer ball 축구공

TOPEL Intermediate
LEVEL UP
3